Carola Kleinschmidt

DAS INTERVALL-PRINZIP

Die Kunst, den richtigen Rhythmus zu finden

SCORPIO

Wichtiger Hinweis:
Die Informationen und Ratschläge in diesem Buch wurden mit größter Sorgfalt von Autorin und Verlag erarbeitet und geprüft. Alle Leserinnen und Leser sind jedoch aufgefordert, selbst zu entscheiden, ob und inwieweit sie die Anregungen in diesem Buch umsetzen wollen. Eine Haftung der Autorin bzw. des Verlags für Personen-, Sach- oder Vermögensschäden ist ausgeschlossen.

© 2021 Scorpio Verlag in Europa Verlage GmbH, München
Umschlaggestaltung und Umschlagmotiv: Favoritbuero, München
Titelmotiv: kalongart/shutterstock (Frau in Hängematte)
und Yuliia Liesova/shutterstock (Laptop)
Lektorat: Julia Feldbaum, Augsburg
Layout & Satz: Danai Afrati
Druck und Bindung: Pustet, Regensburg
ISBN 978-3-95803-359-7
Alle Rechte vorbehalten
www.scorpio-verlag.de

»Warum hast du es so eilig?«, fragte der Rabbi.

»Ich laufe meiner Lebendigkeit nach«, antwortete der Mann.

»Und woher weißt du«, fragte der Rabbi, »dass deine Lebendigkeit vor dir herläuft und du dich beeilen musst? Vielleicht ist sie hinter dir, und du brauchst nur innezuhalten.«

Rabbi Meir von Rothenburg

INHALT

EINSTIEG

Während ich diese Zeilen schreibe, telefoniert meine Kollegin im Nebenraum. Es ist 10.00 Uhr. Schon morgens um 8.00 Uhr, vor ihrem Bürotag, war sie beim Sport und läuft sich jetzt für den Arbeitstag warm. Ich bin schon seit einer Stunde am Schreibtisch, habe gerade ein absolutes Konzentrationshoch und hoffe, dass ich nicht abgelenkt werde.

Draußen baut ein Trupp Handwerker an einem Neubau. Für diese Leute ist fast der halbe Arbeitstag vorbei. Seit 6.30 Uhr sind Kran und Bagger in Gang. In der Bäckerei um die Ecke gibt es jetzt noch den beliebten Butterkuchen. In drei Stunden sieht alles völlig anders aus.

Dann hat meine Kollegin ihre beste Arbeitszeit. Mein Kopf ist dagegen schon ziemlich leer, und ich erledige Routinetätigkeiten, sortiere Unterlagen und E-Mails. Die Handwerker haben bereits den größten Teil ihres Arbeitstages hinter sich und steuern ganz langsam auf ihren Feierabend zu. Der Butterkuchen ist schon ausverkauft.

Alles im Leben ist Rhythmus. Sonne und Mond gehen auf und unter. Ebbe und Flut wechseln sich ab. Ebenso die Jahreszeiten. Auch unser Körper funktioniert nach Rhythmen. Es gibt Zeiten, in denen wir wach sind, und andere, in denen wir Schlaf benötigen. Unser Herzschlag hat einen festen Rhythmus. Unsere Verdauung ebenso. Auch unser Geist hat Phasen, in denen es ihm leichtfällt, Neues aufzunehmen, und andere, in denen Erlebnisse verarbeitet werden. Nach einer Anstrengung brauchen wir eine Pause, eine Zeit der Regeneration. Das gilt für unseren Körper ebenso wie für unsere Psyche. Sogar unsere persönliche Entwicklung und Krisenzeiten haben ihren ganz eigenen Rhythmus.

Das Intervall-Fasten hat große Popularität erlangt, weil es das Essverhalten von vielen Menschen wieder in einen guten Rhythmus gebracht hat. Vom ständigen Naschen haben sie umgeschaltet auf klare Essens- und Fastenzeiten, in denen der Körper Muße für Verdauung und Stoffwechsel hat. Viele schwärmen von einem neuen Lebensgefühl. Die Pfunde purzeln, und die Stimmung steigt.

Wie wäre es, wenn wir das Intervall-Prinzip auf andere Bereiche unseres Lebens übertragen würden? Wenn wir unserem Alltag auch bei anderen Themen wieder einen guten Rhythmus geben könnten? Wenn wir zurückfinden würden zu einem guten Wechsel von An- und Entspannung, von Leistung und Muße, der uns entspricht und für Wohlbefinden sorgt?

Vermutlich würde nicht nur unsere Stimmung, sondern auch unsere Lebenszufriedenheit davon profitieren. Denn zur rechten Zeit gehen uns die Dinge einfach leichter von der Hand.

Dieses Buch möchte dir dabei helfen, deinen ganz eigenen Rhythmus (wieder) zu finden. In sieben Kapiteln erfährst du, welche Kraft der stimmige Rhythmus in den verschiedenen Lebensbereichen hat und wie du deine persönliche Wellenlänge erkennst und lebst, die deine seelische und körperliche Balance am besten unterstützt.

Learning by doing

In dieses Buch darfst und sollst du sogar reinschreiben. Damit du dir beim Lesen Notizen zu deinen Gedanken machen kannst, findest du immer wieder Extrazeilen im Text. So wird dieses

Buch zu deinem persönlichen Westentaschen-Coach auf deinem Weg zum richtigen Rhythmus. Am Ende jedes Themenkomplexes hast du Platz, um ein Fazit zu ziehen und eigene Ideen und Erkenntnisse unterzubringen.

Kleine Schritte sind große Schritte. Wenn dich auch nur eine Anregung aus diesem Buch inspiriert, kommst du einem Leben in deinem eigenen Rhythmus schon ein gutes Stück näher. Wir wünschen uns zwar immer die große Veränderung – doch in Wahrheit verändern wir uns in sogenannten Babysteps, in Minischritten. Und das ist auch okay so. Die kleinen Schritte reichen völlig. Alles andere überfordert uns, und oftmals gehen wir dann gar nicht weiter. Fang also einfach an und vertraue darauf.

Denk dran: **Dein guter Rhythmus liegt bereits in dir. Deine Aufgabe ist schlicht, ihn wieder in dein Leben zurückzuholen.**

Was dich in diesem Buch erwartet

» **1. Kapitel: Akku auf Grün**
In diesem Kapitel findest du einen guten Rhythmus zwischen Anspannung und Entspannung und schaffst dir damit eine sichere Kraftquelle.

» **2. Kapitel: Positive Energie statt Stress**
Hier zeige ich dir, wie du nervigen Stress in beflügelnde Energie verwandelst.

» **3. Kapitel: Mein guter Tag**
In diesem Kapitel lernst du deine innere Uhr kennen. Aufgaben gehen leichter von der Hand, und Tätigkeiten machen mehr Spaß, wenn wir im eigenen Rhythmus leben. Sogar ein Zahnarztbesuch ist zur richtigen Uhrzeit weniger schlimm.

» **4. Kapitel: Mein digitaler Rhythmus**
Immer online zu sein tut uns nicht gut – aber wann und wie oft sollten wir uns eine Pause vom Internet gönnen? Und was wird dann konkret besser? Darum geht es in diesem Kapitel.

» **5. Kapitel: Meine Kreativität**
Hier erkundest du deinen kreativen Rhythmus. So bekommst du bessere Ideen, findest neue Lösungen für Probleme und hast mehr Freude an allem, was du anpackst.

» **6. Kapitel: Auch Krisen haben ihren Rhythmus**
Erfahre, was »Wachsen an Krisen« bedeutet – und wie du die Phasen einer Krise meistern kannst. Oft heißt es, Krisen könnten unsere persönliche Entwicklung fördern. So gelingt es dir.

» **7. Kapitel: Mein gutes Leben**
Unsere persönliche Entwicklung folgt ebenfalls einem Rhythmus. In diesem Kapitel erfährst du, welche Lebensaufgaben dich derzeit am meisten bestimmen – und wie dich diese Veränderungen stärker machen.

1. KAPITEL

AKKU AUF GRÜN

»*Ich bin ehrgeizig mit meiner Zeit. Aber wenn ich nicht arbeiten kann, bin ich faul und verschwende meine Zeit.*«

Käthe Kollwitz, Künstlerin

Schluss mit Hektik! Aber wie? Indem du einen guten Rhythmus zwischen Anspannung und Entspannung in dein Leben holst, wirst du innerlich ruhiger. Dann ist auch Platz für Genuss und Freude. Wie dir das gelingt, erfährst du in diesem Kapitel.

Ich folge bei Instagram einer Frau, die mit Erinnerungen aus ihren Urlauben wunderschöne Fotoalben macht. Kleine Notizbücher mit Bildern, persönlichen Bemerkungen, Eintrittskarten. Wer sie betrachtet, spürt die sengende Hitze der Wüste, durch die die Reisende fuhr, und riecht fast den dichten Urwald, in dem sie wanderte. Solche Alben hätte ich auch gern. Sie müssten gar nicht von exotischen Reisen handeln. Ein schönes Erinnerungsbuch für meinen Alltag wäre fein. Am liebsten von jedem Jahr eins. Ein Buch, das Momente festhält, in dem man gemeinsam blättern kann. Im nächsten Winter nehme ich mir die Zeit dafür!

Stell dir vor, du hättest so ein Buch und du blickst in einigen Jahren auf dein jetziges Leben zurück – und du stellst fest: Das waren tolle Zeiten. Pralle Zeiten. Bunt und lebendig. Mensch, was da alles los war! Partnerschaft, Familie, Beruf – alles war am Wirbeln. Und immer fand vieles gleichzeitig statt. Im Kleinen wie im Großen. Morgens lief man mit den Kindern durch den Zoo und fütterte die Elefanten. Nachmittags packte man die Kisten für den Umzug in die größere Wohnung. Unter der Woche investierte man viel Kraft in die Arbeit. Und zugleich plante man am Wochenende mit dem Partner den Ausstieg auf Zeit von Job und Verpflichtungen, organisierte eine große Reise. Es war viel. Und manchmal wurde es chaotisch in dem prallen Leben. Aber irgendwie hat man es hingekriegt.

Ist es nicht seltsam, dass wir diese Zeit, in der uns das Leben mit Lebendigkeit nur so überschüttet, vor allem als stressig empfinden? Vielleicht sogar als nervig? Überdurchschnittlich viele Menschen zwischen 35 und 45 Jahren klagen über viel zu viel Stress in ihrem Leben. Sie empfinden sich als Hamster im Rad, als Sklave in der Tretmühle. Sie fühlen sich von ihrem Leben gehetzt und getrieben bis zur Atemlosigkeit.

Und dennoch: In der Rückschau verliert der frühere Stress an Bedeutung, und die Vielfalt, die Liebe, all das Neue und Schöne, das wir in dieser Zeit erlebt haben, überwiegen. Viele schwärmen dann von dieser Zeit, erzählen mit Freude die Anekdoten rund um Chaos, Scheitern und Weitermachen. Warum können wir das bunte Leben nicht mehr genießen, während es stattfindet?

Ohne Innehalten keine Erinnerungen

Ein Grund für diese so seltsam unterschiedliche Sicht auf die Rushhour des Lebens ist, dass wir uns in dieser Lebensphase nicht die Zeit zum Innehalten nehmen. Denn nur in solchen Momenten von bewusster Ruhe können wir das Schöne, das Lebendige, das Glück in all der Wildheit dieser Jahre auch genießen.

Nur in Momenten der inneren Ruhe können wir das Lustige im Missgeschick sehen und über das Chaos lachen. Glückliche Momente finden sich im Dazwischen. Wir erleben sie in Momenten der Entspannung. Erst wenn wir einen Schritt zurücktreten und die Anspannung loslassen, entsteht Raum für die zarteren Gefühle wie Freude oder Zufriedenheit.

Stress und innere Ruhe liegen insofern auf zwei Polen unserer Gefühlswelt. Sind wir unter Druck und überfordert, dann sind wir garantiert nicht dort, wo die Zufriedenheit und der Genuss stattfinden. Stress geht automatisch mit Anspannung einher – Freude und Zufriedenheit sind Gefühle, die wir in einer gewissen Entspanntheit empfinden.

Natürlich gibt es auch den Glückskick der Anstrengung. Wenn wir den Berg besteigen und das Gipfelkreuz sehen, die Ziellinie beim Stadtlauf erreichen oder eine schwierige Aufgabe im Job gemeistert haben. Doch im Alltag besteigen wir meist nicht konzentriert den einen Berg, sondern wir meistern viele Dutzend größere und kleinere Hügel. An das große Ankommen mit Glücksrausch ist nicht zu denken. Der Stress ist eher ein ständig summendes Hintergrundgeräusch, das uns nicht zur Ruhe kommen lässt und uns die Nerven raubt. Die Anspannung ist allgegenwärtig. Für Genuss und Zufriedenheit ist da kaum Platz.

Wenn wir also nicht erst in 20 Jahren und rückblickend genießen möchten, wie toll und bunt unser Dasein in der Mitte des Lebens war, sollten wir anfangen, neben den Phasen der Anspannung auch wieder Phasen von Entspannung zu etablieren, um die leiseren Gefühle von Freude und Behagen spüren zu können.

Aber wie kann das gehen? Schließlich sind unsere Tage objektiv ziemlich voll. Es gibt viel zu erledigen, viele Aufgaben zu meistern und Probleme zu lösen.

Die folgenden Fragen setzen einen kleinen Fokus auf dein persönliches Wohlbefinden. So kannst du die Inspirationen für mehr Balance am Ende des Kapitels optimal für dich nutzen.

WIE SIEHT DEIN ALLTAG AUS?

Hetzt du häufig von Verpflichtung zu Verpflichtung? Oder
hast du Momente des Innehaltens etabliert? Welche?

*sehr unterschiedliche Stress-
u. Ruhephasen. Allerdings nutze
ich die "Ruhephasen" nur zum
"Glotzen" weil ich zu platt für
Anderes bin. (faul)*

Falls du das Gefühl hast, dass dein Alltag dich regelrecht durchs
Leben peitscht, gibt es in deinem Leben vermutlich zu viel Anspannung. Das geht zwar vielen Menschen so, aber es fühlt sich
nicht gut an, und es ist auch nicht gesund. Wenn du es ändern
möchtest, ist es hilfreich zu verstehen, was in den Phasen von
Anspannung und Entspannung in unserem Körper und Geist
passiert.

An- und Entspannung sind wie zwei Seiten einer Medaille, und
diese Medaille heißt Energie. Wenn wir dieses Wissen beherzi-
gen, fällt uns es leichter, auch die entspannten Phasen wichtig zu
nehmen.

Anspannung – das können wir gut

Wenn wir eine Situation als fordernd oder gefährlich bewerten,
aktiviert unser Körper seine Kräfte. Jeder kennt diese Spannung
und das Prickeln, wenn man auf dem Fünf- oder Zehnmeterbrett
im Schwimmbad steht und kurz davor ist zu springen. Man ist
wach, alle Muskeln sind aktiv. Man fokussiert sich völlig auf die
Situation.

In unserem Körper sind komplexe Prozesse dafür verantwortlich, dass wir solche Momente meistern können. Im weiteren Sinne hängen sie alle mit der Stressreaktion zusammen: Wir registrieren über unsere Sinne, dass eine fordernde Situation vorliegt. Unser Gehirn signalisiert dem Körper: Alle Kräfte auf Go! Über unser Nervensystem erreicht die Botschaft quasi jede Zelle unseres Organismus. Unser Herz schlägt schneller, Blutdruck und Muskelspannung steigen. In einer zweiten Phase der Stressreaktion kommt dann das bekannte Stresshormon Cortisol zum Zuge. Es sorgt dafür, dass unsere Muskeln noch besser mit Energie versorgt sind, und erhöht unsere Gehirnleistung. Schon kurz nachdem wir eine Herausforderung oder bedrohliche Situation wahrgenommen haben, sind wir deshalb bereit zu handeln – und auch, wenn wir längere Zeit gefordert sind, können wir weitere Kräfte mobilisieren.

In Urzeiten hat uns dieser Powertrick dabei geholfen zu überleben. Heute springen wir gespannt wie eine Feder und voller Energie vom Fünfmeterturm und tauchen kerzengerade ins Wasser ein. Oder wir meistern eine komplexe Präsentation im Job – und wir schaffen es noch pünktlich, die Kinder von der Kita abzuholen, obwohl wir superspät dran sind und dazwischen noch einkaufen waren.

Unser Geist unterstützt uns dabei, gerade unter Stress zielgerichtet und fokussiert zu bleiben. Die Stresssituation im Körper führt im Gehirn dazu, dass unsere Aufmerksamkeit sich völlig auf das Problem fokussiert. Wir schauen nicht mehr rechts und links, sondern nur noch geradeaus. Wir entscheiden sehr schnell, wie wir handeln. Häufig greifen wir dabei auf bereits erprobtes Handeln zurück. Deshalb wird der Sprung vom Brett beim zweiten Mal noch aufregend sein, aber kein totales Herzflattern mehr hervorrufen.

Auch unsere Gefühlswelt schwingt mit der Stressreaktion mit. Mit der Anspannung gehen Gefühle wie Aggression,

Ungeduld und häufig auch kleinere oder größere Ängste einher. Diese eher negativ getönte Gefühlswelt hilft uns dabei – man könnte auch sagen, zwingt uns –, die Stresssituation zügig aufzulösen. Denn wir wollen nicht länger als nötig Ängste spüren, und auch Aggression ist letztlich nur ein Zeichen unseres Organismus, den Zustand der Bedrohung zu beenden. Negative Gefühle drängen uns dazu, die Herausforderung mit aller Kraft zu meistern.

WIE IST DAS BEI DIR?

Woran merkst du persönlich, dass du im Stressmodus bist? (Manche bekommen schwitzige Hände, Hitzewallungen oder Herzrasen. Manche spüren, wie Kampfgeist, Ungeduld oder Aggressionen aufsteigen.) Notiere deine typischen Zeichen für Angespanntheit. Am leichtesten ist das, wenn du dich einfach an einige Stresssituationen erinnerst, die kurz zurückliegen.

- gereizt bis aggressiv
- extrem: "Ohr geht zu"
- wütend
- mutlos → alles hinschmeißen
- panisch

Je nachdem, wie hoch wir unsere Chancen einschätzen, dass wir die Situation meistern werden, kann der Stress dazu führen, dass wir eher kämpfen, versuchen, der Situation zu entfliehen, oder uns »tot stellen«, also wegducken und hoffen, dass alles von allein vorbeigeht.

Wie ist das bei dir? Zu welcher Reaktion neigst du im Stress? Gehst du die Dinge an? Neigst du zum Aktionismus? Oder erstarrst du innerlich? Fängst vielleicht an zu grübeln oder schiebst die Dinge auf?

– bei Prio 1: Übertriebener Aktionismus

– evtl. "Erstarren"

Entspannung – leichter gesagt als getan

Ist eine Herausforderung gemeistert oder vorbeigezogen, lässt das Gefühl von Spannung nach. Wir sind gesprungen. Mit bebendem Herzen zwar, aber wir haben es getan. Jetzt schwimmen wir erleichtert an den Beckenrand. Im besten Falle warten dort die Freund*innen, die uns beglückwünschen. Wir erzählen noch mal, wie die Panik uns überfallen hat, kurz bevor wir gesprungen sind. Dass zehn Meter von oben viel höher aussehen als von unten. Und wie toll es war, ins Wasser einzutauchen. Wir feiern unseren Erfolg – und erleben einen Glücksmoment. Stolz vielleicht auch. Es kann auch sein, dass wir uns nicht getraut haben und leicht beschämt die Leiter wieder runtergeklettert sind. Aber auch dann lässt jetzt die Spannung nach, wir fühlen uns erleichtert. Die Gefahr ist vorbei.

In unserem Körper läuft in dieser Phase der Entspannung ein genauso komplexes Geschehen ab wie während der Stressreaktion: Die Muskeln lockern sich, das Herz findet zu seinem Ruherhythmus zurück. Der Blutdruck sinkt. Statt des Aktivitätsnervs Sympathikus übernimmt der Ruhenerv Parasympathikus die

Führung. Er signalisiert dem Organismus: Alles ist sicher. Es ist geschafft. Du kannst dich entspannen. Der Körper beginnt mit dem Abbau der Stresshormone. Ziel ist es, wieder in einen Normalzustand zu gelangen. Nur im entspannten Sein können wir wieder Kräfte sammeln für die nächste Herausforderung. Hunger, Durst, Müdigkeit – all diese Kraftquellen können wir nur entspannt auffüllen. Unter Stress haben wir keine Lust zu essen, und schlafen können wir auch nicht.

In der Ruhe entspannt sich auch unser Gehirn. Die kämpferischen oder ängstlichen Gefühle lassen nach. Die Gefahr ist ja gebannt. Unser Blick weitet sich. Man nimmt seine Umwelt wieder wahr. Das kann man in Experimenten nachweisen. Entspannt bekommen wir mehr Signale von unserer Umwelt mit als unter Stress. Nur der entspannte Geist kann dann über das Geschehene nachdenken, darüber erzählen oder auch seine Lehren aus dem Erlebten ziehen. Im Stress selbst ist das alles nicht möglich. Das heißt aber auch: Ohne eine Phase der Entspannung lernen wir nur sehr wenig aus den Herausforderungen, die wir meistern. Wir schöpfen keine Kraft aus den Erfolgen, wir lernen aber auch nicht aus den Misserfolgen.

Auch unsere Gefühlswelt hat einen typischen Entspannungsmodus. Nachdem wir eine herausfordernde Situation gemeistert haben, macht sich Freude breit oder zumindest Erleichterung. Wenn alles gut geklappt hat, vielleicht auch Stolz, dass man es geschafft hat. Positive Gefühle sind kennzeichnend für den Gemütszustand der Entspannung.

Der Stress selbst verlangt nach einem Ende

Interessanterweise hat die Stressreaktion selbst eine Art Rückkopplung eingebaut, die dafür sorgt, dass nach der Anspannung eine Phase der Entspannung folgt. Schon während der Stressreaktion produziert der Körper vermehrt Oxytozin, das auch als Kuschelhormon bekannt ist. Es hat auf verschiedenen Ebenen eine Anti-Stress-Wirkung: Wenn im Blut viel Oxytozin ist, haben wir Lust, uns mit anderen Menschen auszutauschen. Es fällt uns dann leichter, Hilfe und Unterstützung anzunehmen, was uns weiter entspannt. Und wir haben deshalb nach einer herausfordernden Situation fast immer Interesse daran, anderen Menschen von unseren Erlebnissen zu erzählen. Auch das entspannt. Das Stresshormon Cortisol selbst hemmt ab einem gewissen Pegel im Blut ebenso die weitere Ausschüttung von Cortison. Damit verhindert der Regelhaushalt im Normalfall, dass unsere Stressreaktion aus dem Ruder läuft, sich immer weiter aufbaut und wir in Panik geraten.

Entspannung ist also aus der Sicht unseres Körpers, unseres Verstandes und unserer Gefühlswelt ein fester Teil der Stressreaktion. Sie gehört untrennbar dazu. Das eine funktioniert ohne das andere nicht. Allerdings vergessen wir dies häufig und geben uns weder Zeit noch Raum für Entspannung. Wir lassen diese Phase einfach aus oder sabotieren sie, indem wir sofort in die nächste Stresssituation springen. Dass unser Stresssystem extrem belastbar und durchaus fähig ist, immer noch mehr Kräfte zu mobilisieren – zumindest bis zu einem gewissen Punkt –, wird so langfristig zur Falle. Denn zu viel andauernder Stress verursacht das Tretmühlen- oder Hamsterrad-Gefühl, unter dem viele leiden. Der gute Rhythmus zwischen An- und Entspannung ist ein Schlüssel zu einem positiven Lebensgefühl, wenn wir Zufriedenheit suchen und endlich auch wertschätzen möchten, was in unserem Leben alles in Ordnung ist. Wenn wir unser buntes Leben in all seinen vielen Facetten genießen wollen, dann ist ein guter Rhythmus der Weg dorthin.

GELINGT DIR ENTSPANNUNG?

Wann hast du dich das letzte Mal wirklich entspannt?
Erzähle davon. Wie hat sich das angefühlt?

– an bewusstes Entspannen kann ich mich nicht erinnern

RITUALE HELFEN DIR, DAS GUTE ZU SEHEN

Schreibst du Tagebuch? Oder hast mit Freund*innen oder
Partner*innen Momente, in denen ihr auch darüber
sprecht, was gerade gut läuft? Vielleicht machst du auch
Fotoalben und lässt die schönen Momente des Jahres
Revue passieren. Oder du denkst am Wochenende beim
Spaziergang über die vergangenen Tage nach. Mit jedem
kleinen Ritual der Reflexion – das auch die positiven Seiten
in den Fokus rückt – sorgst du dafür, dass dein Leben sich
lebendig und nicht ausschließlich stressig anfühlt. Welche
Rituale hast du?

– habe zögerlich begonnen Tagebuch zu schreiben
– wir reden darüber, wenn etwas Positives passiert!
– Leider zu faul für Fotoalben ...
– keine Rituale

So gelingt Entspannung

Im Alltag schieben wir unser Bedürfnis nach Entspannung häufig zur Seite. Schlicht, weil es geht. Probleme ziehen uns einfach viel mehr an als Entspannung. Deshalb müssen wir einen guten Rhythmus aktiv steuern. Dabei hilft es zu wissen: Welche Entspannung ist für mich persönlich die richtige? Wie ziehe ich mehr Ruhemomente in meinen Alltag? Und was hält mich überhaupt davon ab, auch mal lockerzulassen?

Häufig denken wir, Nichtstun wäre die perfekte Entspannung. Zumindest haben wir nach einem Tag, an dem man wieder die ganze Zeit hinter seinen Aufgaben hergerannt ist, oftmals keine Lust mehr für großartige Hobbys. Nicht selten landen wir schlicht vor dem Fernseher. Doch viele merken selbst, dass sie nach drei Folgen Sitcom auch nicht wirklich erholt sind.

Studien zeigen tatsächlich, dass uns der Fernsehabend zwar von Gedanken rund um Job oder Familiensorgen ablenkt – er ist aber keine Kraftquelle. Die Psychologin Xinyu (Judy) Hu von der Northern Illinois University hat in Experimenten untersucht, welche Freizeitaktivitäten uns entspannen UND zufriedener machen. Dafür hat sie ihre Probanden eine Woche lang Tagebuch führen lassen. Die eine Gruppe erhielt aktive Freizeitbeschäftigungen zur Auswahl. Von Tennis bis Skatspielen. Die andere Gruppe bekam keine Angebote. Es zeigte sich: Die aktive Gruppe wurde von Tag zu Tag ganz allgemein zufriedener.[1]

Aktive Freizeit ist erholsam

Dass Aktivitäten das Abhängen schlagen, hat damit zu tun, dass die aktive Freizeit unsere Psyche nährt, fand Judy Hu heraus. Es scheint so zu sein: Unsere Psyche schöpft Kraft, wenn wir uns tätig und zugleich kompetent fühlen. Deshalb finden viele Menschen Aufräumen, Gärtnern, Handarbeiten und Handwerken oder Kochen so erholsam. Man tut etwas und sieht gleich ein Ergebnis. Wer jeden Abend ein Spiel spielt oder Sport macht, profitiert vom gleichen Effekt: Die Fortschritte sind schnell spürbar. Dieses Gefühl von Kompetenz ist im Kern die Quelle für neue Kräfte, erklärt Hu. Wenn wir unsere Freizeit dann noch in netter Gesellschaft verbringen und uns verbunden fühlen, klettert der Energie-Akku wieder in den grünen Bereich.

Interessanterweise finden wir dann nicht nur das Wochenende oder den Feierabend erholsam und schön. Sondern unser Lebensgefühl steigt ganz allgemein. Denn die Qualität unserer Freizeit hat großen Einfluss auf unser gesamtes Wohlbefinden und unsere Lebenszufriedenheit, so verschiedene Studien. Kurz: Ist die Freizeit doof, finden wir unser ganzes Leben tendenziell trist. Ist unsere Freizeit toll, steigt das gesamte Lebensgefühl. Man könnte also festhalten:

> *Sag mir, was du in deiner Freizeit tust, und ich sage dir, wie du dein Leben findest.*

Das Problem ist nur: Auch für eine aktive Freizeit brauchen wir noch ein bisschen Energie. Sonst kriegt man seinen Hintern einfach nicht mehr hoch. Die Müdigkeit vergällt einem das Treffen mit Freunden. Wir haben keine Kraft mehr für kreatives Tun. Eine erfüllte Freizeit und eine gute Balance fangen also schon viel früher an. Nämlich bei der Frage, wie es uns gelingt, abends noch ein bisschen Energie für Erholung übrig zu haben.

Pausen schenken neue Energie

Jan Seiler, Psychologe am Landesinstitut für Arbeitsgestaltung NRW, hat untersucht, was Menschen davon abhält, sich zu erholen. Er fand heraus, dass es überdurchschnittlich oft »Gedanken an die Arbeit« (das kann auch die Familienarbeit sein) und »Gefühle von Erschöpfung« sind. Seiler hat außerdem den wichtigsten Erholungskiller herausgefiltert: fehlende Pausen im Tagesablauf. Die Befragten, die wenig oder keine Pausen machten, waren abends besonders erschöpft. Das kennt jeder: Die Mittagspause wird aufgespart, um an Ende des Tages etwas früher Feierabend zu machen. Die Fünf-Minuten-Bildschirmpausen lässt man weg, weil irgendwie keiner Pausen macht. Doch wenn wir auf die kleinen Momente der Ruhe verzichten, schaukelt sich unser Stresssystem über den Tag hinweg so auf, dass wir auch abends kaum noch runterschalten können. Gedanken an den Brotjob oder eine andere stressige Tätigkeit kreisen dann immer weiter in unserem Kopf herum. Außerdem ist der Energiepegel so niedrig, dass wir uns körperlich zu erschöpft fühlen für ein aktives Hobby.

BIST DU EIN PAUSENKÜNSTLER?

Wie hältst du es mit Pausen? Nimmst du dir im Tageslauf immer wieder kurz Zeit zum Runterschalten? Machst du eine Mittagspause? Sind deine Ruhemomente erholsam? Wie sieht deine persönliche Pausenkultur aus?

— Mittagspause immer, sonst kein bewusstes Pausenverhalten

Selbstbestimmte Pausen sind die besten

Vielleicht machst du schon Pausen und gehst regelmäßig mit deinen Kolleg*innen zum Lunch. Oder du unterbrichst deine Arbeit am Bildschirm oder für die Familie durchaus immer wieder. Aber trotzdem fühlst du dich abends oft schlapp und müde. Das kann daran liegen, dass deine Pausen nicht wirklich erholsam sind.

John P. Trougakos, Professor für Personalmanagement an der University of Toronto-Scarborough, hat mit einem internationalen Forschungsteam untersucht, was erholsame Pausen ausmacht.[2] Dafür hat er über 100 Personen zehn Tage lang notieren lassen, wie sie ihre Pausen im Job verbringen und wie fit sie sich abends fühlen. Am Ende hatte Trougakos über 800 Tagesprotokolle. Es zeigte sich, dass es enorm wichtig ist, dass wir in den kleinen Auszeiten die Dinge tun, die wir wirklich erholsam finden – und uns nicht abverlangen, weiter Konventionen oder den Vorgaben der Firma oder der Familie zu folgen. Denn diese Anpassung strengt an und macht den Erholungsfaktor einer Pause zunichte.

Eine entspannte Pause ist also vielleicht der Gang um den Block, wenn man gern draußen ist und so den Kopf frei bekommt. Oder es ist eine Mittagspause mit Kolleg*innen, die man wirklich mag und bei denen man sich wohl und wertgeschätzt fühlt. Weniger entspannend ist eine Mittagspause, wenn wir nur mit Kolleg*innen essen gehen, weil wir denken, dass es der Karriere dient oder wir mit *müssen*, um dazuzugehören. Wer zu Hause arbeitet, nutzt die Pause vielleicht für den Gang zum Supermarkt. Wenn man das eher nervig findet, ist das auch keine echte Pause. Ebenso ist es nicht erholsam, Arbeitsprobleme beim Lunch zu besprechen, weil Problemgefühle Energiefresser sind. Einen beruflichen Erfolg mit den anderen zu feiern kann dagegen durchaus den Akku aufladen, weil man seine Kompetenz spürt und das gute Miteinander eine wichtige Energiequelle ist. Hol dir deinen guten Rhythmus zurück. Und du wirst spüren, wie dein Leben sich entspannt und du die Vielfalt mehr und mehr genießen kannst.

Der Zeitforscher Karlheinz Geißler hat allerdings noch einen Tipp für uns: In unserer Kultur nehmen wir an, ein volles Leben sei ein gutes Leben. Doch wir irren, sagt Geißler. »Wenn wir das Pensum von drei Leben in eines packen, wird unser Leben nicht reicher. Im Gegenteil. Wir leben nicht einmal das eine Leben richtig, das wir tatsächlich haben.« Er rät: »Lassen Sie weg, was zu viel ist.«[3]

Hol dir deinen Rhythmus zurück

Der erste Schritt zum guten Rhythmus führt über die Minipause. Erst im zweiten Schritt – wenn man wieder für einen ausgeglicheneren Energiepegel gesorgt hat – macht es Sinn, sich anzuschauen, welche Freizeitaktivitäten einen überhaupt begeistern würden.

Es gibt ein paar Faustregeln für erholsame Pausen. Sie können dir helfen, deine ganz persönliche Pausenkultur so zu gestalten, dass du über den Tag hinweg gut für deine Energien sorgst. Im Anschluss an die konkreten Inspirationen für gute Pausen findest du einen kleinen Selbst-Check für deine ganz persönliche Pausenkultur.

Fang mit Minipausen an

» **Atmen:** Unsere Atmung ist die leichteste und zugleich stärkste Methode, um unsere Energie in Balance zu bringen. Atme lange und tief aus, und du wirst ruhiger. Atme lange und tief ein, und du wirst Belebung spüren. Ein paar bewusste, tiefe Atemzüge sind perfekte Mini-Kraftmomente.

» **Gedanken lüften:** Alle 60 bis 90 Minuten benötigt unser Gehirn eine Pause von Konzentration und Fokussierung. Aufstehen, ans Fenster gehen, tief Luft holen – all das sind gute Pausenmomente nach einer Phase konzentrierten Arbeitens.

» **Augengymnastik:** Am Bildschirm, beim Lesen und auch beim Werkeln im Nahbereich müssen sich unsere Augen stets anstrengen. Gönne ihnen für einige Minuten einen Blick in die Weite. Schließe ab und an für einige Minuten die Augen und spüre die Entspannung.

» **Bewege dich:** Sich immer wieder zu bewegen entspannt sehr: Rumgehen, Treppensteigen, aber auch eine »bewegte Pause« oder ein wenig Minigymnastik im Büro.

» **Entspanne deinen Geist:** Bewusst an etwas Schönes zu denken dimmt unser Stresssystem. Ein Lieblingslied zu hören oder den Blick in die Natur zu richten hat ebenfalls einen erholsamen Effekt. Auch herzhaft zu lachen entspannt sofort. Oft reichen schon zwei bis fünf Minuten.

Anleitung für deine gute Pausenkultur

» **Gönne dir Abwechslung:** Wer am Computer sitzt, sollte zwischendurch öfter aufstehen und sich recken, strecken und bewegen. Wer viel mit Menschen zu tun hat, sollte sich immer mal wieder für einige Minuten in Stille zurückziehen. Wer körperlich arbeitet, sollte sich kleine Entspannungs-momente für die Muskulatur gönnen. Eine Tätigkeit, die im Gegensatz zu den Anforderungen im Job steht, kann auch helfen, abends leichter abzuschalten.
Stille für Vielredner*innen. Bewegung für Büromenschen. Kreatives als Gegengewicht für sehr strukturierte Tätig-keiten im Job.

» **Erhole dich zeitnah:** Studien zeigen, dass es keinen Sinn macht, die kurzen Pausen wegzulassen, um nachmittags früher nach Hause zu gehen. Man ist abends erschöpfter, obwohl man kürzer arbeitet. Ebenso macht es keinen Sinn, die Wochenenden durchzuarbeiten und auf die zwei Wochen Ferien im Sommer zu hoffen. Man wird so erschöpft sein, dass man keine Ruhe findet.

» **Achte besonders in der Pause auf deine Bedürfnisse:** Wie häufig gehst du zum Lunch mit Kolleg*innen, obwohl du lieber einen Moment allein wärst? Wie oft bleibst du am Rechner sitzen und lässt die Pause ausfallen, weil die E-Mail fertig werden soll, obwohl dein Körper nach Bewegung schreit? Wie oft erledigst du abends doch noch einen Anruf bei lieben Verwandten, obwohl du dir vorgenommen hattest, jetzt endlich abzuschalten und dich deinem Lieblingsbuch zu widmen? Häufig zerschießen wir uns unsere kleinen Auszeiten selbst, weil wir unsere Bedürfnisse nicht wichtig nehmen, sondern beim kleinsten Gedanken an eine Pflicht aufspringen und diese erledigen.

» **Pflege eine gute Mittagspause:** Eine Mittagspause von mindestens 20 Minuten ist ein Energie-Booster. Am besten kombiniert mit einem zehnminütigen Spaziergang um den Block.

» **Nimm dein Kümmer-Konto in den Blick:** Gerade Mütter kommen nur schwer zur Ruhe oder in ein entspanntes Pausengefühl, weil ihnen ständig Familienthemen im Kopf rumgehen. Schalten sie vom Job ab, organisieren sie die Zahnarzttermine der Kinder, denken über das passende Geschenk für Oma nach oder planen das Wochenende. In ihrem Kopf kreisen endlose To-do-Listen und emotionale Themen, die sie beschäftigen. Dieser fast unsichtbare Zusatz-job kann das Bemühen um einen guten Rhythmus regelrecht zerstören, weil er jede Pause mit Anspannung belegt.
Ein Ausweg? Mach die Aufgaben sichtbar, indem du sie direkt ansprichst oder eine Liste all der kleinen Kümmer-To-Dos erstellst (ja, das ist wieder Mühe, aber sie lohnt sich). Delegiere dann so viele Aufgaben mitsamt der Verantwor-tung für die Organisation und die Kümmerarbeit rund um diese Themen, bis es sich fair anfühlt. (Klingt unrealistisch? Dann fange mit zwei oder drei Aufgaben an, die du delegierst. Schon das entlastet.)

» **Tipp zum Abschalten am Abend:** Viele Menschen haben Probleme, abends abzuschalten. Häufig ist ein Grund, dass sie im Laufe des Tages zu wenig Pausen gemacht haben und das Stresssystem abends einfach nicht zur Ruhe kommt. Die ganze Zeit rasen die Gedanken an den Job weiter.
Dann hilft es, die persönliche Pausenkultur zu stärken. Zusätzlich kann ein kleines Ritual am Ende des Arbeitstages sehr wirksam sein: Nimm dir wenige Minuten Zeit, bevor du das Büro verlässt. Lass im Geiste den Tag kurz Revue

passieren: Was war gut? Was habe ich erledigt? Womit möchte ich morgen anfangen. Mach dir vielleicht eine Notiz dazu – in ein hübsches Buch oder auch ins Handy.

Selbst-Check Pausenkultur

Eigentlich wissen wir ganz genau, dass uns kleine Auszeiten guttun, dass Bewegung uns erfrischt und was genau uns wirklich entspannt. Aber genauso oft vergessen wir – geplagt von unserem gestressten Kopf – einfach, uns um diese leisere Seite unseres Rhythmus zu kümmern. Nimm deinen Rhythmus wieder selbst in die Hand, und du wirst dich wohler und energievoller fühlen. Schreibe dir selbst einen kleinen Trainingsplan für deinen Pausenmuskel!

WIRF EINEN BLICK AUF DEINE PAUSENKULTUR!

1. Welche kurzen Pausen machst du regelmäßig am Tag?

- im Büro: 2x Treppen steigen
- nach dem Mittag 10 Minuten
  um den Block

So könnte ich meine Minipausen ausbauen:

2. Wie sieht deine Mittagspause aus. Ist sie erholsam?

Essen mit Kollegen: ja!
daheim: Essen vor dem TV,
weiß nicht

So kann ich für eine entspannte Mittagspause sorgen:

Essen bei Musik

3. Schon ein Zehn-Minuten-Spaziergang oder sich zwischendurch zu recken und zu strecken entspannt. Wie viel kleine Bewegungsmomente haben in deinem Alltag Platz?

Eigentlich viele

Das kann ich für mehr Bewegung in meinem Alltag tun:

- Treppensteigen
- Spazieren nach Mittag
- ur Arbeit radeln

4. Den Geist zu entspannen ist oft gar nicht so leicht. Hast du Tricks oder Tätigkeiten, die deine Gedanken zur Ruhe bringen?

Noch nicht

So kann ich meinem Geist öfter am Tag eine Ruhepause
verschaffen:

_____

_____

_____

5. Spezialfall »Kümmern«. Liegt die emotionale Arbeit für
deine Partnerschaft oder Familie vor allem bei dir? Welche
Facetten des Kümmerns und der Familienorga findest
du besonders belastend bzw. hinderlich für deine Pausenkultur?

_____

_____

_____

6. Gib zwei Kümmeraufgaben ab – mitsamt der Verantwortung fürs Drandenken, Organisieren und Im-Blick-
Behalten. Arztbesuche der Kinder? Geburtstage in der
Familie? Pärchenzeit? Urlaubsplanung? Welche könnten
es bei dir sein?

_→ an Telli_____

_____

_____

7. Kannst du am Abend abschalten? Denke an einen Abend, an dem dies gut geklappt hat. Helfen dir bestimmte Rituale oder eine Tätigkeit beim Loslassen?

_____

_____

_____

Ein erster kleiner Schritt für meine gute Pausenkultur, der machbar ist. So beginne ich:

_____

_____

_____

Vielleicht suchst du dir für den Anfang eines der sieben Praxisthemen aus und setzt deine Ideen für eine gute Pausenkultur im Alltag um. Wichtig ist: Fange sofort an und behalte deine neue Routine zumindest eine Woche lang bei, damit du auch Effekte spürst:

Ab _11.03.24_ (Datum) werde ich 2x täglich
Treppensteigen + "Blockgehen"

Liste für Eilige: Was ist eine gute Auszeit?

Pause	Eher ungünstig	Eher günstig
Lunch	Mitgehen, weil man »muss«; mit Kolleg*innen oder Vorgesetzten, die man nicht mag oder die einen stressen	Je nach eigenem Bedürfnis nach Gesellschaft, Abwechslung oder auch Ruhe und Alleinsein; mit Menschen, in deren Gegenwart man sich entspannen kann
Kaffeepause	Jobprobleme wälzen oder besprechen	Etwas Nettes sagen; eine schöne oder lustige Begebenheit erzählen oder erzählt bekommen
Bildschirm-pause	Smartphone checken	Ins Grüne gucken
Konzentra-tionspause	Telefonieren, Dinge sortieren	Rumgehen, rausgehen, Fenster öffnen

Freizeit	Eher ungünstig	Eher günstig
Medien	Binge-Watching; stundenlanges Rumsurfen	Medienkonsum reduzieren; eher Filme schauen, die man bewusst auswählt
Wochenende	Einen Termin am anderen wahrnehmen; viele Pflichten erfüllen	Pflichten reduzieren und bewusst Dinge tun, die man erholsam findet; Rhythmus von An- und Entspannung beachten
Hobbys	Nach Sinnhaftigkeit oder Nutzen auswählen (»Ich muss ja Sport machen ...«)	Hobbys nach Freude und Interesse auswählen

Abends	Probleme diskutieren; weiterarbeiten	Klaren Schlusspunkt hinter den Job setzen; schwierige Diskussionen lieber bei einem Spaziergang tagsüber führen
Familienfreizeit	Starre Aktivitäten (»Als Familie macht man ...«)	Aktivitäten suchen, die allen Freude machen
Zeitqualitäten[4]	**Eher ungünstig**	**Eher günstig**
Anlaufzeiten	Sofort anfangen, ohne warm zu laufen	Sich etwas Zeit nehmen; eine Minute früher im Meeting-Raum sein; noch einen Kaffee allein trinken, bevor ...
Übergangszeiten	Von einer Verpflichtung in die nächste hetzen	Wenigstens ein paar Minuten für den Übergang reservieren; zu Fuß gehen, vielleicht sogar kurz an die frische Luft
Abschließen	Ende und raus!	Themen und Tätigkeiten gut abschließen; ein Satz der Zusammenfassung an alle oder auch nur an sich selbst; innerlich ein Häkchen machen; sich loben
Takt oder Rhythmus	Stets im Takt der Uhr unterwegs sein	Im Alltag bewusst verschiedene Zeitqualitäten einbauen: Zeiten für Begegnungen ohne klares Ziel, Zeiten zum Staunen, zum Genießen, zum Langweilen (Wartezeiten) ...

Die Frische-Brise-Formel

Eine kleine Eselsbrücke unterstützt dich in deinem guten Rhythmus im Alltag: Merke dir einfach »Frische BRISE«. Brise steht für Beobachten, Reflektieren, Innehalten, Starten und Entscheiden. Nimm dir eine hübsche Postkarte und notiere die Frische-Brise-Formel auf der Rückseite. Auf deinem Schreibtisch oder an der Pinnwand ist sie dir eine freundliche Erinnerung für dein Leben in Balance.

» **Beobachten:** Beobachte dich. Lerne deinen Rhythmus kennen. Was entspannt dich? Bist du Frühaufsteherin? Abendmensch? Was fördert deine Kreativität? Beobachte dich dabei wohlwollend, als würdest du einen Menschen betrachten, den du wirklich magst und sehr gern besser kennenlernen möchtest.

» **Reflektieren:** Reflexion bedeutet im Ursprungssinn »zurückwenden«. Wenn wir reflektieren, wenden wir uns zurück nach innen, wir erkennen, was da los ist. Halte täglich immer mal wieder kurz inne und frage dich: Wie geht es mir gerade? Fühle ich mich energetisch? Brauche ich eine Pause? Nimm deine Selbstbeobachtung ernst. Sei freundlich mit dir selbst, und achte auf deine Bedürfnisse. Dann kannst du gut über den nächsten Schritt entscheiden.

» **Innehalten:** Ist es an der Zeit, einen Gang runterzuschalten?

» **Starten:** Vielleicht zeigt dir dein Rhythmusgefühl an, dass es losgehen darf, dass es Zeit ist, ins Handeln zu gehen?

» **Entscheiden:** Entscheide dich klar für eine Haltung (Starten oder Innehalten) und handle danach. Oftmals spüren wir durchaus, dass wir eine Pause brauchen, aber wir lassen trotzdem nicht locker. Vertraue ab heute auf deine Impulse. Lass locker, wenn deine Energie absackt. Schon eine Minute Pause hilft dir. Du spürst deinen inneren Rhythmus und bringst dich wieder in Balance.

Freizeit als Kraftquelle

Stell dir vor, du hättest abends und am Wochenende endlich wieder mehr Energie. Wozu würdest du sie gern nutzen? Meist denkt man erst einmal an Sport. Das ist wohl der häufigste Ausgleich zum Arbeiten. Bewegung tut dem Körper gut, das Auspowern pustet den Kopf frei. Aber reicht das für eine gute Energiebalance? Echte Erholung finden wir in Tätigkeiten, die uns auch emotional fesseln, die uns wirklich interessieren und erfreuen. Bei manchen ist das Sport. Aber längst nicht bei allen. Wenn du herausfinden möchtest, was für dich erholsam sein könnte, kannst du dich fragen, welche Tätigkeiten dir schon immer einfach Spaß gemacht haben. Vielleicht schon als Kind.

WAS ICH GERN TUE

Notiere Tätigkeiten, an denen du schlicht Freude hast. Das können kleine Dinge sein, wie der leckere Tee am Morgen oder Hobbys, in denen du richtiggehend versinken kannst. Es können auch große Aktivitäten sein, wie eine Reise. Notiere mindestens 15 Tätigkeiten.

① mein Morgenkaffee ② Italienisch sprechen ③ Klavierspielen ③ Malen ④ Freunde treffen ⑤ Städte erkunden ⑥ Lesen ⑦ Am Wochenende liegenbleiben ⑧ meine Familie besuchen ⑨ kreativ sein ⑩ Aufräumen, damit es dann schön aussieht ⑪ Lichtung gestalten

Sorge für kleinere und größere Erholungsmomente

Es gibt entspannende Aktivitäten, die wir sehr mögen – aber sie erholen uns nur kurz. Und andere erholen uns nachhaltig. Sortiere deine Tätigkeiten der Freude nach diesen beiden Kriterien: Was erholt dich kurzfristig? Was hat einen längerfristigen Erholungseffekt? Vielleicht ist der Kaffee mit der besten Freundin ein schöner Energiekick im Alltag. Aber der ausgedehnte Spaziergang am Wochenende gibt dir richtig Kraft.

Sehr hilfreich ist es auch, wenn wir uns ein festes Zeitfenster pro Woche für uns reservieren. Dieser »heilige Termin« ist wie ein Fels in der Brandung. An dem rütteln wir nicht. Er ist unser Anker der Selbstfürsorge. Das kann ein Tanzkurs mit dem Partner oder der Partnerin sein. Aber auch die Yogastunde ganz für dich allein.

MACH PLATZ IN DEINEM LEBEN!

Kurzfristige Erholungsmomente, die du wieder häufiger erleben möchtest:

Allein sein + Durchatmen

Langfristig erholsame Aktivitäten, denen du wieder einen festen Platz im Leben einräumen willst:

– Bewegung an der frischen Luft
– Kreativität

Dein heiliger Termin: _Dienstag Vormittag_

Häufig trauen wir uns nicht, Auszeiten zu nehmen, weil wir denken, das Umfeld sei dagegen. Wie kannst du dafür sorgen, dass deine Mitmenschen deine Auszeiten akzeptieren und dir diese Zeit zum Auftanken zugestehen?

tun sie bereits

 An- und Entspannung: So komme ich in Balance

Die Welle mit ihren Bergen und Tälern symbolisiert den Wechsel von An- und Entspannung. Und sie zeigt: Entspannung erholt uns am besten im Anschluss an Phasen der Anspannung. Schreibe in die Wellentäler, was dich entspannt, wie du runterkommst, deine Nerven sich beruhigen und dein Körper locker wird. Schreibe auf die Wellenberge, was dich in Anspannung versetzt. Du kannst mit Farben oder Symbolen kennzeichnen, ob es eher positive oder eher negative Anspannung ist.

Nun hast du eine gute Übersicht. So kannst du in den nächsten Tagen und Wochen leichter mehr Rhythmus in den Wechsel von An- und Entspannung in deinen Alltag und dein Leben bringen. Du kannst die Welle auch als 24-Stunden-Welle ansehen – und dir eine Skizze für gute Balance in deinem Alltag entwerfen. Überlege, wie du geschickt dafür sorgst, dass auf Phasen der Anspannung Momente der Entspannung folgen.

2. KAPITEL

POSITIVE ENERGIE STATT STRESS

Talent bedeutet Energie und Ausdauer. Weiter nichts.

Heinrich Schliemann, Kaufmann und Archäologe

> *Wäre es nicht super, wenn wir uns häufiger energievoll und seltener gestresst fühlten? Aber hat man das in der Hand? In diesem Kapitel erfährst du, was dir hilft, damit dein Alltag nicht in Stress umschlägt, sondern eine gute Energiekurve bekommt.*

Bist du schon einmal ganz nebenbei in etwas Meister geworden? Meine Freundin hat das geschafft. Sie hat angefangen zu kochen, als sie Mitte 30 war. Davor interessierte sie sich weder für die Arbeit am Herd noch für ein gemütliches Essen zu Hause. Aber nun hatte sie ein Kind und wollte es auch am eigenen Esstisch besonders haben. Sie kochte jeden Tag. Nicht sehr ehrgeizig, aber sehr regelmäßig. Dabei feilte sie immer ein wenig an den Rezepten. Inzwischen ist sie eine richtig gute Köchin. Wenn sie zum Essen einlädt, kann man sicher sein: Das wird köstlich.

Dass wir durch schlichtes Tun in fast allem immer besser werden, ist eine ziemlich unterschätzte Quelle für gute Leistung. Wir sind es in der Regel gewohnt, uns immer sehr anzustrengen, wenn wir es richtig gut machen wollen. Dass dies vielleicht nicht der günstigste Weg ist, zeigt nicht nur meine Freundin, sondern auch die Wissenschaft.

Michael Reinboth und Joan Duda, Sportpsychologen von der Universität Birmingham in Großbritannien, sind viel auf Sportplätzen unterwegs. Sie verbringen Zeit in verschwitzten Umkleiden, jubeln mit siegenden Teams und fühlen mit denen, die verlieren. Duda und ihre Leute interessieren sich dafür, welche Teamatmosphäre Sportler*innen dabei unterstützt, dass sie auf lange Sicht selbstbewusst, leistungsstark und motiviert bleiben – ohne verheizt zu werden. Oder anders gesagt: Es geht um die Frage, wie es einem Sportler oder einer Sportlerin gelingt, gute Leistung und gute Laune zu verbinden. Schließlich kann ein Sportlerleben ganz schön stressig sein. Stets ist Bestleistung erwünscht, und hartes Training ist normal. Dennoch feiert man nicht nur Siege, sondern muss auch Niederlagen und Verletzungen verkraften, ohne den Mut und die Freude an der Sache zu verlieren.[5, 6]

In ihren Studien stellen die Forscher*innen fest: Nicht die Teams mit dem härtesten Drill haben die besonders selbstbewussten und motivierten Sportler*innen. Im Gegenteil: Die Teams mit den besonders fitten Athletinnen, die sich körperlich und mental gut fühlen und selbstbewusst in jedes Spiel starten, pflegen keine harte Schule, sondern der Fokus der Trainer liegt auf der Entwicklung der Spieler. Nach dem Motto:

Jeder hat sein Talent, das für das Team wichtig ist. Jeder wird immer besser. Und gemeinsam sind wir stark.

Die Psychologen beschreiben diese positive Stimmung des Gelingens als eine Atmosphäre der *Mastery* oder Meisterschaft.[7] Man kann sie im Sport genauso wie in Unternehmen finden. Sie steht im Gegensatz zur Atmosphäre der Leistung, bei der nur das

Siegen und die Bestleistungen zählen. »Besonders auffällig sind die ausgeprägte Motivation und das konstant hohe Energieniveau der Spieler in einem Mastery-Team«, stellen Duda und Reinboth in ihrer Studie fest.

In den Mannschaften, in denen die Meisterschaft zählt, schätzen die Trainer die Fortschritte jedes Teammitgliedes auf jedwedem Leistungsniveau wert. Die Trainingserfolge des Langsamsten zählen genauso wie die des Schnellsten. Jeder und jede im Team hat das Ziel, in dem, was er oder sie tut, besser zu werden. Es geht im Training nicht um Konkurrenz oder den Vergleich mit irgendwelchen Bestmarken, sondern um die individuelle Entwicklung im Rahmen der eigenen Möglichkeiten. In solchen Mannschaften trainieren alle mit mehr Leidenschaft, gehen selbstsicherer auf den Platz und fühlen sich insgesamt besser, stellen Duda und ihr Team fest. Wenn diese Teams siegen, feiern sie nicht nur den Torschützen, sondern jeden einzelnen Spieler für seinen Anteil am Sieg. Aber sie verzweifeln auch nicht oder beschimpfen einzelne Spieler, wenn sie verlieren. Sondern sie fluchen gemeinsam über verpatzte Chancen und lernen daraus.

Stress: Wenn nur das Ergebnis zählt

Die Athleten in den extrem leistungsorientierten Mannschaften empfinden dagegen seltener Freude und zugleich sehr viel mehr Druck in ihrem Sportlerleben. Auch wenn sie objektiv besser sind als manch andere Spieler. »Spieler aus solchen Mannschaften waren im Schnitt angestrengter, klagten häufig über fehlende Energie und zeigten Anzeichen von Burn-out«, schreiben die Forscher*innen in ihrer Studie. Sogar ein Sieg erfüllte sie nur kurz mit Freude. Schon spürten sie wieder die Sorge, beim nächsten Spiel mindestens genauso gut sein zu müssen. »Eine Atmosphäre der Leistung, in der nur das Ergebnis zählt, produziert

Stress, raubt langfristig Energie und kann krank machen«, erklärt Joan Duda. Dagegen kam bei den Teams, die Entwicklung und Spielfreude in den Vordergrund stellten, der gegenteilige Mechanismus in Gang. »Eine Atmosphäre der Entwicklung setzt dagegen einen Energiekreislauf in Gang, der für langfristige Motivation und Gesundheit sorgt.«

Was im Sport gilt, kann man leicht auf das restliche Leben übertragen: Unter Leistungsdruck, wenn nur das Ergebnis zählt, empfinden wir mehr Stress. Ganz gleich, ob es um das Projekt im Job geht oder um die Kindererziehung. In einer Atmosphäre, in der wir den Fokus auf die Entwicklung legen, fängt die Energie dagegen an zu sprudeln – und die Ergebnisse sind in der Regel auch gut. Das Leben lebt sich offensichtlich leichter, wenn man es als Weg und nicht als Sprint von Ziel zu Ziel begreift.

Energie kann man insofern als die freundliche kleine Schwester von Stress beschreiben. Der Satz: »Ich fühle mich energievoll«, ist ein optimistischer Ausspruch. Er zeigt, dass ich startklar bin, Lust habe, etwas zu machen. Ich sprühe vor Energie, scharre vielleicht sogar mit den Hufen wie ein Rennpferd. Ich will endlich los. Diese positive Energie hat durchaus Ähnlichkeiten mit der Anspannung, die wir in Stresssituationen erleben. Sie treibt uns nach vorn, lässt uns aktiv werden. Und doch hat sie eine völlig andere Qualität als die Aktivierung im Stress: Der Druck und die unangenehmen Gefühle fehlen.

Energie: Die positive Atmosphäre des Gelingens

Die positive Atmosphäre von Energie und Tatendrang entsteht dabei immer, wenn das Tun und die persönlichen Fähigkeiten statt der Wettbewerb im Vordergrund stehen. Wenn zugleich der Teamgeist funktioniert, steht dem stressfreien Gelingen nichts mehr im Wege: Dann sehen wir unsere Aufgaben nicht als

Prüfung an, sondern eher als Challenge, als angenehme Herausforderung, die uns in unserer Entwicklung fördert. Wir gehen Schritt für Schritt voran. Im Rahmen unserer Möglichkeiten. Wenn nötig, fragen wir um Hilfe oder lernen etwas dazu, um weiterzukommen. Wir freuen uns dabei immer wieder an unserer eigenen Entwicklung und schätzen unsere Fortschritte wert. Unser Tun wird freudvoller Ausdruck unserer Lebendigkeit. Wir verspüren kein Bedürfnis, uns besser dastehen zu lassen, als wir sind, weil unsere Kompetenz gesehen und anerkannt wird. Wir zeigen, was wir können, ohne Posing und ohne andere abzuwerten. Man kann sogar sagen, dass diese Art von Leistung und Erfolg die natürliche Art des Menschen ist. Denn unsere Psyche belohnt genau diesen Arbeitsflow mit guten Gefühlen und ruft uns damit zu: Mehr davon!

Die folgenden Fragen unterstützen dich dabei, selbst herauszufinden, wie viel Platz die Atmosphäre der Meisterschaft bereits in deinem Leben hat. Ob du also häufiger oder eher selten auf dem leichten Pfad dein Können verbesserst, sodass deine Leistung dir Energie gibt. Es kann natürlich auch sein, dass du anhand der Fragen feststellst, dass in deinem Leben ziemlich viel Leistungsdruck herrscht. Im Anschluss findest du deshalb auch konkrete Inspirationen, wie du den Geist von Meisterschaft und Freude am Tun in deinem Leben stärken kannst – und dadurch häufiger Energie als Stress erleben wirst.

WEG ODER ZIEL?

In welcher Atmosphäre lebst und arbeitest du? Ist in deinem Leben der Leistungsdruck in jedem Lebensbereich präsent? Oder gibt es auch Bereiche, in denen dein Fokus auf Energie und Entwicklung liegt? Vielleicht fällt dir zu diesen Fragen gar nicht auf Anhieb eine Antwort ein. Doch du kannst leicht herausfinden, wie es bei dir ist, wenn du dich an konkrete Situationen erinnerst. Rufe dir in jedem Lebensbereich eine Situation ins Gedächtnis und frage dich: Ging es mir da eher darum, eine Topleistung zu erzielen, oder war für mich vor allem der Prozess, also der Weg zum Ziel – meine Entwicklung –, das Wichtige für mich?

Eine Situation aus dem Beruf: _____

_____

_____

Was war dir hierbei wichtig (Ergebnis oder Weg)?

_____

_____

Eine Situation aus dem Privatleben: _____

Felli w "gewinnen"

_____

Was war dir hierbei wichtig (Ergebnis oder Weg)?

_____

Ergebnis

_____

Eine Situation aus der Freizeit: _____

_____

_____

Was war dir hierbei wichtig (Ergebnis oder Weg)?

_____

_____

_____

Es kann sein, dass du in den verschiedenen Lebensbereichen unterschiedlich agierst und fühlst. Im Job haben viele Menschen eher die Leistung im Blick – in den meisten Firmen zählt noch immer vor allem das Ergebnis. Auch Vorgesetzte loben seltener die Entwicklung eines Mitarbeiters. Meist sagt der Chef oder die Chefin nur etwas Positives, wenn man ein Ziel erreicht oder sogar übertroffen hat. Und auch wir selbst haben es selten auf dem Schirm, wie viel man täglich dazulernt oder was einem heutzutage viel leichter fällt als noch vor einigen Monaten oder Jahren.

Im Privatleben sind manche Menschen etwas lockerer. Sie können es genießen, einfach zu kochen oder zu backen – auch wenn der Kuchen später nicht so aussieht wie im Kochbuch abgebildet. Es gibt aber auch viele Menschen, denen sitzt immer der Leistungsdruck im Genick. Sogar wenn sie für die Familie kochen oder sich im Fitnesscenter auspowern, freuen sie sich nicht besonders an ihrem Tun, sondern sind stark auf das Ergebnis fokussiert.

Leider erlebt man mit dieser inneren Einstellung in allen Lebensbereichen auch ziemlich viel Frust. Denn wenn nur das

Ergebnis und die Leistung zählen, ist Unzufriedenheit programmiert: Das Essen schmeckt nicht genau so, wie man es sich vorgestellt hatte. Die Muskeln wachsen nicht so schnell, oder die Pfunde schmelzen nicht so flott wie erhofft.

Am Beispiel Kochen oder Fitness siehst du ziemlich leicht, was für einen riesigen Unterschied es für unseren Energiehaushalt macht, ob wir eine Sache mit dem Fokus auf die Leistung oder auf unsere Entwicklung angehen. Wenn wir uns daran freuen können, eine Stunde mit guter Musik auf dem Laufband zu joggen, ist jede Fitnessstunde eine Freude. Wenn uns dagegen allein wichtig ist, mehr Strecke zu laufen als letzte Woche, kann es gut sein, dass die Fitnesszeit uns kein Stück entspannt, sondern auch noch stresst.

Energie statt Stress

Das Leben in einer Atmosphäre, in der nur das Ergebnis zählt, ist ein bisschen wie eine Tageswanderung in den Alpen, bei der dein einziges Ziel der Gipfelsturm ist. Du gehst durch wunderbare Landschaft, aber du gönnst dir keinen Blick nach rechts oder links, weil für dich nur der Gipfel zählt. Außerdem wärst du gern etwas schneller dort als dein Bekannter, der die Tour neulich gemacht hat. Als ein Gewitter aufzieht und du umkehren musst, empfindest du den ganzen Tag als verloren.

Das Leben in einer Atmosphäre der positiven Energie ist dagegen ein bisschen so, als wären wir auf einer Bergwanderung und würden jeden Moment in der Natur genießen. Wir gehen Schritt für Schritt unseren Weg. Der Anstieg fordert uns, aber die schöne Aussicht belohnt uns für die Mühe. Wir freuen uns am Gefühl der eigenen Kraft, spüren, wie unsere Muskeln arbeiten und ihren Job machen. Klar wollen wir zum Gipfelkreuz. Es wäre das Sahnehäubchen der Tour. Aber falls ein Gewitter aufzieht und wir umkehren müssen, machen wir das eben. Die Wanderung finden wir auch ohne Gipfelsieg schön und jede Anstrengung lohnend für den Tag in der Natur und in Bewegung.

PURE FREUDE AM TUN

Wann hast du dich das letzte Mal an deinem Tun und deiner persönlichen Entwicklung erfreut? Das Ergebnis oder die Leistung waren zweitrangig. Wie hast du dich dabei gefühlt?

Beim Basteln von Susi's "Turn-Schuh"

Vielleicht hast du Lust, diese Haltung von Entwicklung auch auf ein paar andere Situationen zu übertragen? Welche könnten das sein? Und wie könnte das gelingen? Wenn du so konkret wie möglich beschreibst, was dir dazu einfällt, wird es besonders wahrscheinlich, dass du etwas veränderst. Fange am besten mit einer Tätigkeit oder Aufgabe an, bei der du selbst denkst, dass sie dich nicht stressen sollte, sondern du darin Freude finden möchtest.

Vielleicht aus dem Bereich Familie, Freizeitgestaltung oder auch Weiterentwicklung.

Ich gebe dir gern ein Beispiel aus meiner eigenen Erfahrung: Vor Jahren habe ich einen Kleingarten gefunden. Direkt um die Ecke – aber sehr verwildert. Jahrelang habe ich mich darüber gegrämt, dass ich es nicht schaffe, aus dem Stück Grün eine Blumenoase zu machen. So wie auf den Bildern der schönen Gartenzeitschriften. Ich hatte die Idee, dass die Kaffeerunden mit befreundeten Familien erst so richtig toll werden, wenn der

Garten auch schön ist. Doch irgendwann habe ich mich selbst gefragt, was dieser Leistungsdruck eigentlich sollte. Denn ich wurschtel gern im Garten herum, genieße die Zeit mit Kindern und lade sehr gern Freundinnen ein – und natürlich ist mein Gartenwissen mit den Jahren gewachsen, und einige Pflanzen gedeihen richtig gut.

Heute liegt mein Fokus auf der guten Zeit, die ich im Garten mit mir und anderen habe. Manchmal gelingen mir super Kombinationen beim Bepflanzen der Beete – zum Beispiel die knallroten Montbretien, die neben den rosa Japan-Anemonen leuchten wie verrückt, und die dunkelblaue Clematis, die in die pinke Rose klettert. Aber viele Ecken sind einfach … grün. Ich kann mich entspannen und auch am Gärtnern erfreuen, obwohl der Garten nicht perfekt ist und auch nie werden wird. Das hat mein Leben schöner gemacht.

LEISTUNGSDRUCK ADIEU!

In welchen Bereichen möchtest du deinen Leistungsanspruch zurückschrauben oder ganz fallen lassen – und dich mehr an deiner persönlichen Entwicklung erfreuen?

Seit dem 14.11.'21 habe ich keinerlei Leistungsanspruch mehr. Über- und Weiterleben heißt die Devise.

Sieh dir ein oder zwei konkrete Bereiche genauer an. Wenn du nicht mehr das perfekte Ziel in den Fokus stellen würdest, sondern deine Entwicklung in diesem Bereich, welche Fortschritte kannst du dann jetzt bereits sehen?

_____

_____

_____

_____

Ich denke, es würde uns allen sehr guttun, häufiger auf das Leistungsideal zu verzichten und stattdessen unsere Entwicklung in den Vordergrund zu stellen. Dann würden wir sehen, dass wir eigentlich immer einen Schritt weiter kommen, sei er auch noch so klein, dass wir sowieso stetig besser werden in dem, was wir tun – dass wir ständig dazulernen. Und dass dadurch auch unsere Ergebnisse wie von selbst besser werden. Verlässlich gut.

Das Schönste an dieser Haltung wäre zudem, dass wir uns nur noch selten bis zum Anschlag anstrengen müssten – und es deshalb auch viel leichter wäre, nach einer fordernden Phase wieder runterzuschalten und zur Ruhe zu kommen. Die Balance zwischen An- und Entspannung zu halten wäre dadurch viel leichter. Wir hätten viel öfter das Gefühl, dass unsere Mittagspause, ein schöner Abend oder ein ruhiges Wochenende völlig ausreichen würden, um unseren Akku wieder aufzuladen. Und wir könnten aufhören, das halbe Jahr von den drei Wochen Ferien am Strand zu träumen, in denen wir uns endlich mal entspannen möchten.

So bringst du den »Geist der Meisterschaft« in dein Leben

Stell deine persönliche Entwicklung in den Fokus
Statt dich mit anderen zu vergleichen, frage dich selbst:
Was kann ich heute besser als vor zehn Jahren? Das
können berufliche Fähigkeiten sein (z. B. Konzepte schreiben, Vorträge halten) oder persönliche (zu meiner Haltung
stehen, Nein sagen, Urlaube planen).

Nein sagen, ich weiß viel genauer was ich (nicht) will.

Hol dir Energie für jeden Tag
Frage dich bei jeder Aufgabe, die dich zu stressen droht,
ob es auch einen Weg gibt, mit Energie und Neugier ans
Werk zu gehen. Halte inne, sobald du anfängst, nach der
perfekten und objektiv besten Lösung zu streben – da
lauern die Anstrengungsfallen. Frage dich lieber, was du
schon alles kannst und bereits ausprobiert hast, um die
Aufgabe anzupacken. Erlaube dir, an ihr zu wachsen und
von allein besser zu werden. Wie fängst du an, wenn du mit
dieser neuen Haltung an die Sache rangehst?

Deine Aufgabe:

Dein Mastery-Weg: _____

_____

_____

Suche dir »Best Practice«

Erinnere dich an Situationen in deinem Leben, in denen
der Weg und nicht nur das Ziel im Vordergrund stand.
Vielleicht hast du ein Musikinstrument einfach aus Freude
am Spielen gelernt. Oder du hast ein Ziel verpasst, aber
der alternative Weg hat dir viel Gutes gebracht. Bestimmt
kannst du einiges aus diesen Erfahrungen auch auf
aktuelle Aufgaben oder Herausforderungen übertragen.
Notiere, was dir dazu einfällt:

Klavierspielen ging Hand-in-Hand mit Fr. Kapp sein, war also personenabhängig.

**Erfolge gemeinsam feiern – Niederlagen gemeinsam
betrauern**

Oftmals tendieren wir dazu, einen Erfolg nur einer Person
zuzuschreiben – aber für die Pleite suchen wir den Sün-
denbock. Hör auf damit. Gewöhne dir an, Erfolge mit allen
zu feiern, die daran beteiligt waren. Und lass bei Niederlagen die Suche nach dem Schuldigen. Seid lieber gemeinsam betrübt und fragt euch, was man aus der Sache lernen
kann.

Denke an deine letzten Erfolge und Niederlagen. Wie wäre
es, sie noch mit den anderen Beteiligten zu feiern oder
eben zu »betrauern«? Oder du lässt innerlich die Suche

nach einem Schuldigen einfach sein? Notiere deine
Gedanken dazu: _____

_____

_____

_____

Lass Entwicklung zu!

Du fürchtest, es sei zu spät, um Singen oder ein Musikinstrument zu lernen oder einen japanischen Kampfsport?
Das gilt nur für Menschen, die der Meinung sind, eine
Sache zu lernen lohne sich nur, wenn man das höchste
Level erreichen kann. Aber Fortschritte machen und Spaß
an der Sache haben, das kannst du in jedem Alter. Traue
dich, häufiger etwas auszuprobieren, was du noch nicht
kannst – und freue dich über deine persönlichen
Fortschritte. Diese Interessen würde ich gern verfolgen,
diese Dinge ausprobieren:

Aquarellmalerei _____

_____

_____

_____

 ## Finde ein Bild der Leichtigkeit!

Suche dir ein Symbol, das für dich gute Ergebnisse ohne Anstrengung verkörpert. Vielleicht ist es ein schönes Schneckenhaus – ein von der Natur gebautes Wunderwerk. Die Schnecke muss sich dafür nicht abrackern. Oder ein Blatt, das sanft im Wind weht und dennoch seinen Dienst erfüllt. Lege diesen Gegenstand als Symbol für deine entspannte Haltung auf deinen Schreibtisch. So inspiriert er dich jeden Tag, öfter mal »einfach zu machen«, statt dich übertrieben anzustrengen.

3. KAPITEL

MEIN GUTER TAG

*Wohl dem, der sagen darf: Der Tag der Aussaat
war der Tag der Ernte.*

Marie von Ebner-Eschenbach, Schriftstellerin

> *Wenn unsere innere Uhr und unser Alltag im gleichen
> Rhythmus schwingen, wird alles leichter. Lerne deinen
> Biorhythmus kennen.*

Bis vor wenigen Jahren sah mein Arbeitstag so aus: Morgens im Büro las ich erst mal meine E-Mails. Das fand ich belebend, und ich hatte das Gefühl, auf gute Weise loszulegen. Und weil manche Mails schnelle Antworten verlangten, fing ich auch gleich an zu arbeiten. Oft brauchte die Post 45 Minuten und länger. Aber ich dachte: Was weg ist, ist weg. Danach erledigte ich die To-Dos, die vom Vortag liegen geblieben waren. Zwischendurch klingelte das Telefon. Ich ging natürlich dran. Und dann war auch schon Mittag. Die Aufgaben, die ich mir für diesen Tag vorgenommen hatte, lagen noch unberührt neben meinem Computer. Ich spürte eine gewisse Unzufriedenheit.

Die Mittagspause hielt ich kurz, denn der Wunsch zu schreiben und endlich auf meiner To-do-Liste ein paar Häkchen zu setzen wuchs.

Gegen 14.00 Uhr saß ich wieder am Arbeitsplatz – und es kamen keine produktiven Gedanken, nur unpassende: an den nächsten Urlaub, dass ich noch einen Zahnarzttermin ausmachen musste, an den Elternabend um 19.00 Uhr. Ärgerlich.

Oftmals kam ich erst gegen 16.00 Uhr wieder in einen gewissen Flow. Vor 18.00 Uhr verließ ich das Büro fast nie – und hatte trotzdem oft ein schlechtes Gewissen, weil ich wenig kreativ und bei Weitem nicht so produktiv wie gehofft gewesen war.

Ich versuchte alles Mögliche, um meine Produktivität besser zu lenken. Ich hielt die Mittagspause kürzer. Ich ging abends früher ins Bett. Ich führte eine To-do-Liste mit strengen Prioritäten. Manches ging dadurch leichter von der Hand. Aber meine Schwierigkeiten, in einen richtigen Arbeitsflow zu kommen, blieben bestehen.

Heute weiß ich: Ich habe lange gegen meinen Biorhythmus gearbeitet. Das kostete mich unendlich viel Energie – und letztlich auch Erfolgsgefühle. Denn ich spürte ständig, dass ich eigentlich etwas anderes »erschaffen« wollte, als Mails zu beantworten und mit Anstrengung und Überstunden Artikel zu schreiben. Ich glaube, das geht vielen Menschen so.

WIE LÄUFT DEIN TAG?

Kennst du Tage, an denen du deine Energie nicht in Produktivität verwandeln oder für deine Vorhaben nutzen kannst? Was denkst du, woran es liegt? Was hält dich ab?

schlechte Planung / keine klare Zielsetzung /

Deine Energie folgt deinem Biorhythmus

Vermutlich wäre ich von selbst nicht darauf gekommen, welchen Hebel ich umlegen muss, um etwas zu verändern. Ich wurde zu der Erkenntnis gezwungen. Denn ich bekam ein Kind – und damit wurden meine Arbeitstage kürzer. Bis nachmittags um 18.00 Uhr auf Inspirationen warten? Undenkbar.

Anfangs gab es Tage, an denen ich nur ein oder zwei Stunden am Stück arbeiten konnte. Plötzlich stand ich vor der Frage: Wie bekomme ich in der kurzen Zeit überhaupt was Richtiges geschafft? Wenn ich die lediglich mit dem Beantworten der Mails verbringen würde, könnte ich meinen Job als Journalistin direkt an den Nagel hängen.

Ich musste meinen Tag völlig neu strukturieren – und die Zeitfenster, die ich zum Arbeiten hatte, bestmöglich nutzen. Dabei fiel mir auf, dass ich in ein oder zwei Stunden ganz schön viel schaffen konnte. Vor allem, wenn ich mich ohne Umschweife dransetzte und mich sofort in die Hauptaufgabe vertiefte.

Die schwierigste Aufgabe in dieser Zeit war, mich weder von außen noch von innen ablenken zu lassen. Denn es war nicht nur das klingelnde Telefon, das mich unterbrach. Auch die innere Stimme nagte ständig: »Da solltest du aber erst mal genauer recherchieren, bevor du eine These formulierst.« Oder: »Die Anfrage aus der Redaktion wartet jetzt schon seit gestern auf deine Antwort.« Oder: »Ich wollte die Kollegin noch was fragen.« Diesen Ablenkungen zu widerstehen fiel mir zuerst schwer. Aber ich hatte keine Wahl, der Babysitter war nun mal nur zwei Stunden da. Nach und nach gewöhnte ich mich an diese Turbo-Arbeitsphasen. Und heute sind sie meine Jobroutine.

In Studien konnte ich nachlesen, dass genau diese Kombination von Fokus und Abgrenzung das Geheimrezept für effizientes

Arbeiten ist: Um den Fokus zu halten, brauchen wir nicht nur Wachheit und Konzentration aufs Thema, sondern auch die mentale Kraft, um Ablenkungen und gewisse Gedanken auszublenden.

Störungen sind Energiekiller

Diese mentale Kraft steht uns allerdings nicht immer zur Verfügung. Es sind vielmehr recht kleine Zeitfenster, in denen wir sozusagen unsere Superpower nutzen können. Das hat mit unserem Biorhythmus zu tun. Manche Menschen haben ihr mentales Hoch eher am Vormittag, andere etwas später.

Mir gelingt es morgens am besten, mich zu fokussieren. Am Nachmittag kann ich mich durchaus konzentrieren – aber ich bin viel leichter ablenkbar. Dann kann ich dem Drang, etwas nachzulesen, bevor ich weiterarbeite, kaum widerstehen. Ich verwickle mich in längere Gespräche mit meinen Kolleginnen oder grübele minutenlang über einer Formulierung, statt den Gedanken erst mal zu Ende zu schreiben und beim nächsten Durchlesen die sprachlichen Feinheiten zu redigieren.

Seit ich das weiß, arbeite ich vormittags ganz bewusst ausschließlich an besonders komplexen Aufgaben und beschäftige mich in ein- bis zweistündigen Arbeitsfenstern mit Konzepten oder ersten Entwürfen von Texten. Statt jedes Detail zwischendurch zu recherchieren, schreibe ich eine Art grobe Form mit Gedanken und Thesen. Lieber setze ich die O-Töne von Experten ein, wie ich sie im Gedächtnis habe, statt immer wieder in die Aufnahme reinzuhören. Mein Motto: bloß keine Ablenkung. Sätze schleifen und Zitate verifizieren, das kann ich auch zu einem späteren Zeitpunkt nachholen, wenn meine Konzentrationsfähigkeit und meine kreative Kraft erschöpft sind. Auch längere Telefonate mache ich am liebsten am Nachmittag. Außer sehr fordernde Interviews. Die gehören in den Vormittag. Briefings mit Auftraggeber*innen oder Kolleg*innen schiebe ich, wann immer es geht, in die Zeit nach 14 Uhr. Das soziale Miteinander ist belebend, und ich spüre regelrecht, wie meine Energie nach dem Mittagstief wieder ansteigt.

Die folgenden Fragen und der kleine Selbsttest (siehe Seite 68) möchten dich dazu anregen, deinen eigenen Rhythmus zu erkunden. Oft ist es dann nicht schwer, ein paar Dinge in deiner Tagesstruktur so zu verändern, dass sie viel besser für dich passen.

KENNST DU DEINE PRODUKTIVSTEN ZEITEN?

Zu welcher Stunde fühlst du dich besonders kreativ oder produktiv? Was macht diese Zeiten aus? Mach dir ein paar Notizen hierzu:

Werktags: 9:30 – 11:30 Uhr
Wochenende: eher später

KANNST DU DEINE PRODUKTIVSTEN ZEITEN NUTZEN? FALLS NICHT, WAS HÄLT DICH AB?

Mach dir ein paar Notizen hierzu:

Im Rhythmus zu arbeiten macht mehr Spaß

Nach einiger Zeit stellte ich fest: Das Arbeiten fühlt sich in dieser Art nicht nur produktiver an, sondern ich war tatsächlich effizienter als vorher. Meine Texte spiegelten dieses fokussierte Arbeiten wider. Sie waren deutlich straffer, klarer. Ich hatte sogar das Gefühl, ich war beherzter in meinen Thesen, schrieb nicht mehr so viel um den heißen Brei herum, weil ich das Gefühl hatte, dass sie wirklich gut durchdacht waren.

Offensichtlich zeigen sich auch die guten Einfälle bei mir eher morgens. Und viele gute Gedanken ergeben sich interessanterweise im Tun und nicht, indem ich auf sie warte. Als hätte mein Gehirn gerade vormittags die Gabe, aus den Informationen, die ich lese und aufnehme, die sinnvollsten Schlüsse zu ziehen.

Deine innere Uhr sagt dir, welcher Rhythmus für dich passt

Im Jahr 2017 erhielten die drei US-amerikanischen Chronobiologen Jeffrey C. Hall, Michael Rosbash und Michael W. Young den Medizin-Nobelpreis, weil sie in den 1980er-Jahren die biologische Grundlage der inneren Uhr entschlüsselt hatten. Man wusste schon länger, dass die Menschen auch ohne Uhr ziemlich regelmäßig alle 24 Stunden ins Bett gehen. Doch es war nicht klar, welche Instanz im Körper für diesen zirkadianen Rhythmus den Takt vorgibt. Die US-Wissenschaftler fanden heraus, dass jede einzelne Körperzelle eine innere Uhr besitzt. Im Gehirn gibt es außerdem so etwas wie eine Master-Uhr, den SCN (Suprachiasmatischen Nukleus). Er besteht gerade mal aus 20 000 Nervenzellen – aber sie steuern unseren gesamten Biorhythmus. Die Nervenzellen des SCN schwingen wie eine stoische Pendeluhr ungefähr im 24-Stunden-Rhythmus. Licht beeinflusst ihre Arbeit – aber die innere Uhr funktioniert auch, wenn wir mehrere Tage in einem stockdunklen Bunker verbringen, wie Studien zeigen. Der zirkadiane Rhythmus kann bei verschiedenen Menschen etwas unterschiedlich sein, ist aber für eine bestimmte Person recht stabil.

Über verschiedene Signale geben die Zellen des SCN ihren Rhythmus an unsere Organe weiter. So kommt es beispielsweise, dass unser Körper sich schon lange, bevor wir aufstehen, aufs Aufwachen vorbereitet. Das Hormon Cortisol lotst uns langsam aus dem Land der Träume und aktiviert alle Lebensfunktionen für den Tag. Gegen Abend gibt dagegen eine kleine Drüse im Gehirn, die Zirbeldrüse, das Schlafhormon Melatonin in unsere Blutbahn. Wir fühlen uns bettreif, unsere Körpertemperatur fällt, und unsere Organe schalten in den Nachtmodus. Melatonin ist auch ein wichtiger Wirkstoff für die Zellreparatur und sorgt dafür, dass Wachstumshormone ausgeschüttet werden. Man sieht, dass unser Schlaf alles andere als pures Ausruhen ist. Unser Körper arbeitet – eben nur an anderen Baustellen als tagsüber. Die Produktion von Melatonin ist lichtempfindlich, in der Dunkelheit der Nacht hat sie freie Bahn. Nach einer gewissen Schlafenszeit kommt dann das Cortisol mehr zum Zuge und sorgt dafür, dass wir irgendwann wieder aufwachen.

Dieser Rhythmus ist zwar recht stabil, jedoch nicht starr. Beispielsweise verändern sich unser Schlafbedürfnis und unser Biorhythmus abhängig von den Jahreszeiten und den verschiedenen Tageslängen.

Morgen- und Abendmenschen

Auch gibt es Menschen, deren innere Uhr sie früher am Abend in Richtung Bett zieht und eher früh am Morgen wieder aus den Federn wirft, und andere, deren innerer Wecker erst später klingelt – dafür sind sie abends länger fit. Fast jeder hat schon einmal etwas von den sogenannten Lerchen (Morgenmenschen) und Eulen (Abendmenschen) gehört.

Extreme Morgenmenschen können gut und gern um 22.00 Uhr ins Bett gehen und werden bereits um 5.00 oder 6.00 Uhr von allein wach. Extreme Abendmenschen mögen die Stunden bis Mitternacht und schlafen locker bis 10.00 Uhr und länger. Allerdings gehören nur etwa 40 Prozent der Menschen zu diesen ausgeprägten Biorhythmus-Typen. 60 Prozent liegen irgendwo dazwischen. Manche sind eher Morgen- oder eher Abendmenschen. Andere haben gar keine ausgeprägte Lieblingszeit, sondern können morgens, aber auch abends fit sein.

Würdest du von dir sagen, du bist eher ein Morgenmensch oder eher ein Abendmensch? Du weißt es nicht? Mach den Test!

Test: Bin ich ein Morgen- oder ein Abendmensch?

Seinen Chronotyp zu finden ist nicht schwer: Wenn wir im Urlaub sind und nach ein paar Tagen das Schlafdefizit »abgeschlummert« haben, das wir im Alltag häufig mitschleppen, spüren wir meist sehr gut, welche Uhrzeit unsere natürliche Aufwachzeit wäre. Liegt diese vor 8.00 Uhr und ist man nach dem Aufstehen auch gleich topfit, ist man eher ein Morgenmensch. Liegt sie später und man lässt sich gern richtig viel Zeit mit dem Aufstehen, tendiert man in Richtung Abendtyp. Aber es gibt noch ein paar Hinweise:[8]

Frühstückst du unter der Woche?
A Ungern. Lieber nur Tee oder Kaffee. Essen mag ich erst später am Tag.
B Ich kann frühstücken. Ist ja gesünder.
C Ohne Frühstück verlasse ich nicht das Haus.

Wie findest du Gespräche beim Frühstück?
A Grauenhaft!
B Ich mag es lieber ruhig oder lese Nachrichten.
C Ich unterhalte mich gern so früh am Morgen.

Wann wirst du abends müde?
A Nach 23 Uhr
B Zwischen 21 und 23 Uhr
C Vor 21 Uhr

Kannst du dich an deine Träume erinnern?
A Nur sehr selten
B Manchmal
C Häufig

Magst du Mittagsschlaf?

A Ja. Ich liebe das.

(B) Ganz selten lege ich mich mal hin.

C Nein. Mit Mittagsschlaf habe ich nichts am Hut.

Was machst du abends gern?

(A) Ich treffe gern Freunde oder gehe aus.

B Am liebsten beschäftige ich mich mit meinen Hobbys
oder lese.

C Ich bin meist recht müde. Lesen, fernsehen oder noch
ein bisschen reden mit der Familie.

Wie sieht es mit deiner Konzentration im Tageslauf aus?

A Morgens brauche ich echt lange – aber am Nachmittag kann
ich oft bis abends konzentriert arbeiten.

(B) Meine konzentriertesten Phasen sind im Laufe des Vormittags und am Nachmittag. Dazwischen liegt ein fieses
Mittagstief.

C Ich kann mich am allerbesten direkt morgens konzentrieren. Nachmittags bin ich immer weniger konzentriert
als morgens.

Auflösung

A: Du bist ein echter »Abendmensch«. Ab 15.00 Uhr bist du kaum zu
stoppen. Du kannst dich gut konzentrieren und sehr in Themen vertie-
fen. Morgens brauchst du etwas Anlaufzeit. Aber es stört dich vielleicht,
dass du nicht freier über deine Arbeitszeiten entscheiden kannst und zum
Beispiel abends länger arbeitest und dafür morgens später anfängst. Weil
du für deinen Biorhythmus immer zu früh aufstehen musst, kann ein
Powernap in der Mittagspause guttun, um das Schlafdefizit etwas auszu-
gleichen. Tipp: Setze dich dafür ein, dass dein Typ im Job respektiert wird.
Noch immer gilt der Morgentyp als »ideal«. Aber das ist längst überholt.
Vielmehr ist die Chronobiologie so wie andere Diversity-Themen auch zu
behandeln, sagen Experten – als Eigenschaft, die man mitbringt und die
man zum Vorteil für sein Arbeiten einsetzen kann.

B: Du bist ein Morgenmensch – allerdings nicht sehr ausgeprägt. Du kannst dich recht gut den Abläufen und Arbeitszeiten anpassen, die unser Alltag, die Schule oder Firmen vorgeben. Denn deine konzentrierten Arbeitszeiten liegen am späteren Vormittag und am Nachmittag. Tipp für dich: Schütze deine Zeitfenster der Konzentration vor zu viel Ablenkungen von außen. Zum Beispiel durch eine »stille Stunde«, in der du Ablenkungen bewusst fernhältst, keine E-Mails checkst etc., sondern nur an einem Thema arbeitest. Falls du ein ausgeprägtes Mittagstief hast, kann es sein, dass du generell zu wenig kurze Pausen machst.

C: Du bist ein recht ausgeprägter Morgenmensch. Morgens bist du richtig wach und konzentriert. In der zweiten Hälfte des Tages kommt diese Hochform nicht noch einmal. Tipp für dich: Wenn du morgens in die Firma kommst, setze dich ohne große Umwege an dein wichtigstes Thema für den Tag. Denn jetzt bist du am besten im Probleme-Lösen, Konzeptionell-Arbeiten etc. Achte außerdem auf eine gute Pausenkultur, um dich nicht zusätzlich zu erschöpfen. Morgenmenschen brauchen zum Beispiel häufig nach dem Joballtag eine kleine Verschnaufpause, um noch mal etwas Kraft für den Abend zu tanken.

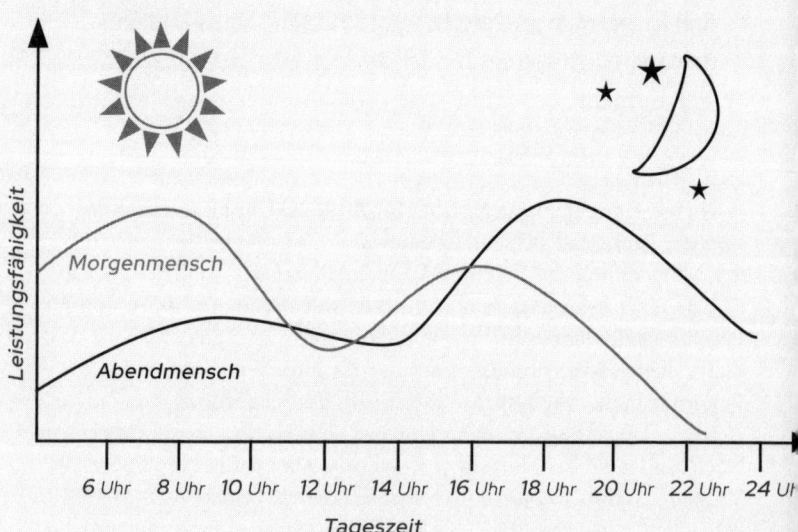

Unser Vier-Stunden-Rhythmus

Grob kann man sagen, dass wir etwa vier Stunden nach unserer optimalen Aufstehzeit unser erstes Energiehoch haben. Wir können uns am besten konzentrieren und fokussieren und am leichtesten kreative Lösungen für Probleme finden. Danach fällt unsere Energie und damit unsere Aufmerksamkeit und Konzentrationskraft ab. Wir brauchen eine mentale und körperliche Pause. Bei den Morgenmenschen liegt diese Hochzeit irgendwann zwischen ganz früh morgens und 11 Uhr. Bei den Abendtypen eher zwischen 10 und 13 Uhr.

Erst etwa vier Stunden später erleben wir ein zweites Energiehoch. Wir können uns noch einmal super konzentrieren. In dieser zweiten Hochphase ist auch unser Langzeitgedächtnis besonders aufnahmefähig. Die perfekte Zeit, um Neues zu lernen. Bei Morgenmenschen ist es dann zwischen 15 und 17 Uhr. Abendmenschen fühlen sich oft wieder ab 17.00 Uhr geistig fit, dann aber auch bis spät in den Abend hinein.

Wenn du deinen Biorhythmus kennst, kannst du mit recht wenig Aufwand deinen Tag so planen, dass die Aufgaben gut zu deinem inneren Energieniveau passen. Das macht das Leben leichter und angenehmer.

Vielleicht denkst du jetzt: Ja, tendenziell bin ich eher der spätere Typ. Aber am späten Nachmittag bin ich schon total müde und kann mich auch nicht gut konzentrieren. Oder du hast gerade entdeckt, dass du der Morgentyp bist, aber im Alltag trotzdem deinen Wecker hasst, der dich zu früh weckt. Das Problem ist: Wir können unsere Energiekurve, die uns unser natürlicher Biorhythmus vorgibt, nur optimal nutzen, wenn wir unseren Alltag mit unserer inneren Uhr zusammenbringen.

Synchronisiere deine Rhythmen

Was heißt das genau? Parallel zu unserem Biorhythmus, der von deiner inneren Uhr passend zu deinem Chronotypus gesteuert wird, erleben wir auch eine gewisse Erschöpfungskurve über den Tag. Unsere Wachheit sinkt, und die Müdigkeit – auch Schlafdruck genannt – nimmt zu. Das ist bei allen Menschen so. Im Idealfall greift der Rhythmus unserer Wachheit wie ein passgenaues Zahnrädchen in den Rhythmus unserer inneren Uhr: Ein Morgenmensch ist zum Beispiel gegen 22.30 Uhr ins Bett gegangen, nach etwa acht Stunden ausgeruht aufgestanden – und ruft zwischen 9.00 und 11.00 Uhr im Job seine beste Leistung locker ab. Mit kleinen Pausen zwischendurch und in der Mittagspause erholt er sich körperlich und geistig und sorgt so dafür, dass die Wachheit bis zum Abend reicht. Im Idealfall fallen dann die Müdigkeit durch die Beanspruchung des Tages gegen Abend mit den Zubettgeh-Signalen seiner inneren Uhr zusammen – und er wird angenehm müde und geht wenig später völlig im Einklang mit sich selbst und all seinen Körpersignalen gegen 22.30 Uhr ins Bett. In der Nacht widmet sich sein Körper dann der Regeneration und Reparatur, das Hirn sortiert die Eindrücke des Tages und verankert Gelerntes. Und nach etwa acht Stunden Schlaf wacht er von selbst ausgeruht und gestärkt wieder auf. Bereit für den neuen Tag.

Ein Abendmensch dagegen, der um 6.30 Uhr aufsteht, obwohl er erst um Mitternacht müde wurde und ins Bett ging, steht bereits mit einem gewissen Schlafdefizit auf. Das erhöht den Schlafdruck – man ist schon zu Beginn des Tages tendenziell müde. Kaffee, Aufregung und Anspannung überdecken diese Müdigkeit. Aber der gewisse Schlafmangel dämpft die Aufmerksamkeit und Konzentrationskraft. Ziemlich sicher kann dieser Abendmensch auch in seinem Energiehoch nicht so flott und fokussiert denken und arbeiten, wie er es sich wünschen würde. Diese Effekte treten nicht unbedingt nach einer einzigen Nacht mit zu wenig Schlaf ein. Aber jemand, dessen innere Uhr erst ab 9.00 Uhr den Start in den Tag signalisiert, wird durch das frühe Aufstehen über die Woche hinweg bereits ein Schlafdefizit anhäufen. Chronobiologen nennen dieses sozial bedingte Schlafdefizit »Social Jetlag«.

LEBST DU DEINEN CHRONOTYP?

Hast du das Gefühl, du kannst dein Leben so einrichten, wie es deinem Chronotyp (Abendmensch oder Morgenmensch) entspricht? An welchen Ecken geht das gut? Wo kollidiert es mit den Ansprüchen von außen oder mit deinen Mitmenschen?

Wecker ⟷ Schule

Als Abendmensch musst du findig werden

Der Chronobiologe Till Roenneberg vom Institut für medizinische Psychologie an der Uni München – selbst ein Abendmensch – hat herausgefunden, dass vor allem Abendmenschen am Social Jetlag leiden.[9] Denn ihre innere Uhr lässt sie abends erst spät müde werden – doch der »soziale Wecker« wirft sie morgens früh aus dem Bett. Um in der Gesellschaft und Familie zu funktionieren, vernachlässigen Betroffene ihren persönlichen Biorhythmus. Roenneberg kritisiert diese Situation sehr, denn Abendmenschen haben dadurch gesundheitlich und auch sozial beträchtliche Nachteile: Wenn ausgeprägte Abendmenschen beispielsweise morgens um 8.00 Uhr eine Abi-Klausur schreiben müssen oder eine Gehaltserhöhung verhandeln wollen, ist das eher ungünstig. Denn sie sollen sich in einer Zeit konzentrieren, in der ihre innere Uhr und damit viele Körperfunktionen noch auf Schlafen eingestellt sind. Viel günstiger würden die Ergebnisse ausfallen, wenn sie die Aufgaben, die am meisten Konzentration verlangen, auf 11.00 Uhr oder später schieben könnten – denn da kommt ihr Biorhythmus schon ins Energiehoch. Und wenn durch diese Verschiebung morgens noch eine Stunde mehr Schlaf drin wäre, behindert auch keine Müdigkeit durch Schlafdefizit die Energie.

Studien mit Studierenden kommen deshalb zu dem Schluss, dass es am besten wäre, eine Vorlesung morgens für die frühen Vögel anzubieten, eine am späten Vormittag für die Abendmenschen und eine gemeinsame Veranstaltung am Nachmittag, weil da die Frühaufsteher noch Energie haben und die Spätaufsteher gerade ins nächste Energiehoch kommen. Roenneberg fordert aus diesem Grund für Jugendliche, dass Klausuren erst ab 11.00 Uhr geschrieben werden – damit die Morgenmenschen *noch* fit sind und die Spätaufsteher *schon* fit. Schließlich kann die Abschlussnote über die gesamte Berufslaufbahn entscheiden.

In einem Interview erzählt Roenneberg auch, wie sein Forscherteam in einem Pilotprojekt die Schichtarbeiter einer ganzen Belegschaft in der Industrie neu eingeteilt hat. Die Frühaufsteher machen jetzt keine Spätschichten mehr und die Spätaufsteher keine Frühschichten. Die Beteiligten arbeiten vielmehr in ihrem natürlichen Rhythmus, fühlen sich ausgeschlafener und müssen am Wochenende nicht so viel Schlaf nachholen. Auch sinkt ihr Risiko für Übergewicht, Depressionen und sogar Krebserkrankungen, weil ihr Körper und Geist wieder vollen Zugriff auf seine Erholungs- und Reparaturmechanismen hat. Klingt gut, oder?

Unser Biorhythmus gehört zu uns wie die Augenfarbe

Viele Studien zeigen inzwischen, dass unser Biorhythmus genetisch bedingt ist – und dass es für unser Wohlbefinden völlig unverzichtbar ist, ihn ernst zu nehmen, weil so viele wichtige Funktionen unseres Lebens daran geknüpft sind. Wissenschaftler*innen von der Johns-Hopkins-University in Washington haben zum Beispiel untersucht, ob es einen Unterschied macht, zu welcher Tageszeit wir vor ethische Entscheidungen gestellt werden.[10] Die Forscher*innen wählten diese Fragestellung, weil ethisch korrekte Entscheidungen für unser Zusammenleben natürlich große Relevanz haben und zugleich als sehr komplexe Aufgabe für unser Gehirn gelten. Denn bei diesen Entscheidungen müssen wir unsere eigenen Interessen und Vorteile gegen eine Norm oder einen inneren Wert abwägen. Wir entscheiden uns zum Beispiel bewusst dagegen, aus einer Situation einen persönlichen Vorteil zu ziehen, wenn andere darunter leiden. In ihrem Experiment sollten die Teilnehmer*innen ein Gewinnspiel machen, bei dem sie Geld gewinnen können – und später selbst angeben, wie oft sie gewonnen haben. Das Ergebnis: Morgenmenschen handelten eher morgens ethisch korrekt und ehrlich, während Abendmenschen nachmittags ehrlicher spielten.

Auch Sportler erbringen körperliche Höchstleistungen zu verschiedenen Zeiten des Tages, je nachdem, ob es Spät- oder Frühaufsteher sind. Von 25 Prozent Leistungsunterschied ist in Studien die Rede. Das heißt im Umkehrschluss, dass die Tageszeit des Wettbewerbs einen großen Einfluss darauf hat, welche Sportler*innen gewinnen. Pianisten gelingt es in den Stunden, in denen ihr Biorhythmus auf dem Hoch von Konzentrationsfähigkeit und Wachheit schwingt, schwierige Stücke besser zu spielen.[11] Und Probanden im Fahrsimulator machen auf fordernden Strecken weniger Fehler.[12]

Vielleicht fragst du dich, warum nicht jeder seinen Chronotyp genauso selbstverständlich kennt wie seine Augenfarbe, wenn es doch so wichtig ist. Das Problem ist: Wir Menschen können sehr flexibel auf Notwendigkeiten reagieren. Wir können unseren Schlaf aufschieben, Hunger ertragen oder auf Regeneration verzichten – wenn es sein muss. Und weil wir uns in der zivilisierten Gesellschaft sehr stark an den Vorgaben von außen orientieren, ist unser natürlicher Biorhythmus oft »maskiert«. Wir spüren ihn gar nicht mehr. Wir passen uns fast fraglos an den Takt an, der uns von außen vorgegeben wird. Und nicht selten »übererfüllen« wir die Anforderungen auch noch. Sogar, wenn wir durch eine Gleitzeitregelung um 10.00 Uhr mit der Arbeit anfangen könnten, sitzen wir lieber um 8.00 Uhr müde am Schreibtisch, weil wir nicht als faul dastehen wollen. Und auch wenn wir abends hundemüde sind, glotzen wir noch die Serie, weil alle das so machen.

Allerdings spüren wir die Folgen, wenn wir zu lange gegen unseren Biorhythmus leben. Wir werden dauermüde, unkonzentriert und unzufrieden oder sogar krank, weil unserem Körper und Geist die Regeneration fehlt.

Mach dich stark für deinen Biorhythmus

Unterm Strich bedeutet das: Deinen Biorhythmus zu kennen macht vieles leichter und stärkt deine Gesundheit. Wir sollten uns deshalb dafür einsetzen, dass wir im Job unsere Peaks von Konzentration und Kreativität für die fordernden Aufgaben nützen. Wir können mit wenig Aufwand unsere Erholung im Nachtschlaf stimmiger gestalten. Wir können bewusst die Zeitfenster für Lernaufgaben, Sport oder auch schwierige Gespräche so wählen, dass sie gut zu unserer Energiekurve passen. Denn im richtigen Zeitfenster finden wir viel leichter die richtige Idee, den richtigen Ton und die gute Lösung für eine komplexe Entscheidung. Jede Gehaltsverhandlung, jedes Streitgespräch mit dem pubertierenden Kind und jedes Konzept geht uns leichter von der Hand. Und vermutlich sind wir auch mit dem Ergebnis zufriedener.

MEINE PRIME-TIME

Wenn du genau wissen möchtest, wie deine Energiephasen über den Tag verteilt sind, wann du deine konzentrierten und kreativen Hochs hast und wann du mit Tiefs rechnen solltest, kannst du ein bis drei Tage lang aufschreiben, wie es dir geht. Halte jede Stunde kurz inne und horche in dich hinein: Wie sieht es gerade mit meiner Leistungskraft aus? Wie ist meine Stimmung? Mach je ein Kreuzchen für deine Leistungskraft und für deine Stimmung. Vielleicht nutzt du zwei Farben. Schon nach einem oder zwei Tagen wirst du interessante Erkenntnisse über dich gewinnen.

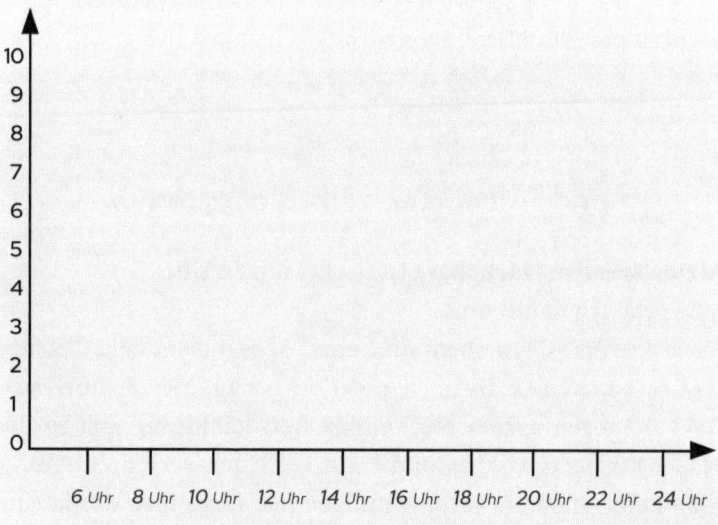

Verbinde jeden Abend die Punkte. Du erhältst deine Stimmungs- und deine Leistungskurve. Und du siehst, in welchem Rhythmus sich für dich ein Pausenbedürfnis einstellt. An den Stellen, wo sich deine Stimmung und deine Leistungskraft im oberen Bereich überschneiden, ist deine beste Arbeitszeit für komplexe Aufgaben. Das sind deine Prime-Zeiten. In diesen Stunden arbeitet dein Gehirn optimal, deine Stimmung pusht dich nach vorn. Du kannst deine Fähigkeiten wirklich super abrufen. Liegt diese Phase eher morgens, dann bist du ein klassischer Morgentyp. Ist sie am Nachmittag ausgeprägter, bist du ein Abendtyp. Wenn diese Phase außerhalb der »sozialen« Zeit liegt, also vor 6.00 Uhr oder nach 18.00 Uhr – bist du ein recht ausgeprägter Chronotyp. Dann ist es für dich vermutlich schwierig, im Job dein volles Potenzial abzurufen oder in der Familie wirklich präsent zu sein, wenn du nicht gezielte Absprachen triffst.

Fragen und Antworten zum Biorhythmus

Meine kreative Hochphase ist nachts um 24 Uhr. Wie gehe ich damit um?

Viele kreative Menschen sind eher Abendmenschen. Warum das so ist, weiß man noch nicht so genau. Sie zeichnet aus, dass sie gegen späten Nachmittag und häufig bis spät in die Nacht ihr energetisches und kreatives Hoch verspüren. Wenn man keine anderen Verpflichtungen hat, kann man das ja einfach ausleben. Aber mit Familie oder einem Job, der morgens früh beginnt? Hier muss man kreativ werden. Vielleicht kann man im Job verhandeln, dass man zweimal die Woche später anfängt? Vielleicht kann man mit dem Partner oder der Partnerin ausmachen, dass er oder sie das Frühstück für die Kinder vorbereitet – und man schläft ein Stündchen länger. Gerade für Mütter lohnt es allerdings auch zu schauen, wie sehr ihre späte Kreativphase daher rührt, dass erst zu dieser Zeit Ruhe einkehrt. Vielleicht könnte man auch am späten Nachmittag sehr gut und komplex denken – hat aber einfach zu viele Familienverpflichtungen. Unser Biorhythmus ist häufig »maskiert« von anderen Tätigkeiten oder Aufgaben des Lebens. Was kann helfen?

Einfach mal ausprobieren, wann die kreative Tageszeit einsetzt, wenn man sich für ein Wochenende oder sogar eine Woche aus dem Familienleben ausklinkt, in ein Airbnb oder zu einer Freundin zieht. Es kann gut sein, dass auch der Tag kreative Hochs bietet, die vorher unsichtbar waren. Mit diesem Wissen kann man manche Familienaufgaben neu gestalten.

Wie komme ich als Morgenmensch mit Abendmenschen zusammen?

Morgen- und Abendmenschen leben nicht an zwei Polen. Die Unterschiede machen sich vor allem am Anfang und am Ende des Tages bemerkbar. Eine Verabredung zum Glas Wein um 23.00 Uhr mit dem Morgenmenschen macht wenig Sinn. Ebenso eine Frühstücksverabredung um 8.00 Uhr morgens mit Abendmenschen. Aber für beide geht ein später Brunch oder ein Ausflug am Nachmittag. (Vielleicht auch ein Tipp für das Leben mit Pubertierenden, die ja meist zu wahren Nachteulen werden.) In einer Partnerschaft oder Familie könnte man die Aufgaben einfach so aufteilen, dass es passt: Der Morgenmensch geht mit den Kids am Vormittag schwimmen, der Abendmensch bringt die Kleinen ins Bett, damit sich der Morgenmensch besser erholen kann. Die Unterschiede überhaupt anzusprechen kann der wichtige Schritt sein. Dem einen liegt die abendliche Vokabelrunde mehr, dem anderen fällt dafür das morgendliche Homeschooling leichter. Das Miteinander wird einfacher, wenn wir unsere Tief- und Hochpunkte des Tages kennen. Wichtige Entscheidungen trifft man am besten, wenn alle ein Energiehoch haben oder kurz davor sind. Falls man zu diesen Tageszeiten nicht zusammensitzen kann, ist es besser, einer macht einen Vorschlag und gibt ihn an den anderen weiter. So, dass er oder sie die Idee dann zur eigenen Primetime anschauen und ergänzen kann.

Was tun? In meinem Team bin ich der einzige Abendmensch.
Derzeit ist es noch recht ungewöhnlich, aber natürlich könnten auch Teams viel besser zusammenarbeiten, wenn die Teammitglieder voneinander wissen, wer wann seine stärksten – und schwächsten – Zeiten hat. Der Arbeitsforscher Stefan Volk von der University of Sydney stellte fest: Das Wissen um die Chronotypen erleichtert es, sich gegenseitig zu unterstützen. Denn es ist einfacher, anderen Hilfe anzubieten, wenn wir den Hintergrund für Schwäche kennen. Im Job können so Hochs und Tiefs perfekt genützt oder eben umgangen werden. Volk macht auch verschiedene Vorschläge, die tatsächlich große Vorteile bringen könnten:[13] Man sollte beispielsweise OP-Teams so zusammensetzen, dass Chirurgen, die Morgenmenschen sind, am frühen Vormittag operieren und ein zweites Team mit Abendmenschen die späteren Eingriffe übernimmt. So operiert jeder Arzt in seinem Leistungshoch – und vor allem nicht im Leistungstief. Daran hätten wir alle großes Interesse, oder?

Sind späte Vögel faul?
Unsere Gesellschaft ist auf den Morgenmenschen ausgerichtet. Oftmals haben Abendmenschen deshalb sogar ein schlechtes Gewissen, weil sie nicht so gern früh aufstehen. Dabei gibt es beim Chronotyp kein Besser oder Schlechter. Nur anders. Deshalb ist es wichtig, ins Gespräch zu gehen. Auch einer Chefin

kann man erklären, warum man gern später anfangen würde oder konzentrierte Aufgaben lieber nachmittags macht. Häufig schwinden dann die Vorurteile.

Mein Mittagstief ist extrem belastend. Was kann ich tun?

Unser Biorhythmus sieht ein Mittagstief vor. Wir schöpfen Kraft für die zweite Tageshälfte. Wenn das Mittagstief sehr ausgeprägt ist, kann es sein, dass dies ein Hinweis auf ein Schlafdefizit ist. Der Schlafdruck ist schon mittags sehr hoch. Ein Powernap (also ein kurzes Nickerchen) kann kurzfristig helfen, langfristig ein Check der Schlafgewohnheiten. Vielleicht ist die Ursache aber auch eine mentale Erschöpfung. Gerade Frauen haben vormittags häufig schon vor 8.00 Uhr diverse kleine und größere Entscheidungen für die Familie getroffen, Kinder versorgt und dies und das erledigt. Und im Hinterkopf rattern die To-Dos des Kümmerns und Versorgens ständig weiter. Unter dem Begriff »Mental Load« ist diese mentale Überlastung endlich ansprechbar geworden. Mental Load fordert die Entscheidungskraft – und diese ist, genau wie unsere Wachheit begrenzt.

Was mache ich am besten in den Energielöchern?

Tageszeiten, in denen wir uns wenig konzentriert fühlen, sind perfekt für Routinetätigkeiten. Am besten solche, bei denen man sich auch bewegt: Schreibtisch aufräumen, etwas zur Kolleg*in bringen, Sachen sortieren ... Manche fühlen sich in dieser etwas untertourigen Stimmung auch von sozialen Kontakten angenehm aktiviert.

Kann sich der Biorhythmus im Laufe des Lebens verändern?

Ja. Kinder sind meist Frühaufsteher. Jugendliche werden fast immer zu späten Vögeln. Es bringt dann auch nichts, sie früher ins Bett zu schicken. Sie können nicht früh einschlafen. Erwachsene pendeln sich für einige Jahre in einem Typus ein. Viele sehr alte Menschen schlafen wieder weniger – allerdings nicht unbedingt, weil sich der Chronotyp ändert, sondern eher, weil sich der Melatonin-Stoffwechsel ändert und damit Schlafprobleme auftauchen.

Sollte ich meinen Biorhythmus möglichst strikt einhalten?

Der Biorhythmus ist ein flexibler Rhythmus, kein starrer Takt. Es macht nichts, wenn man als Abendtyp mal um 5.00 Uhr aufsteht oder als Morgentyp mal bis in die frühen Morgenstunden tanzen geht. Aber es ist lohnenswert, sich einen stimmigen Alltagsrhythmus anzugewöhnen, denn das tut dem Energiehaushalt, der Stimmung und der Gesundheit gut. Chronobiologe Satchin Panda hat die wichtigsten Eckpunkte simpel zusammengefasst:[14]

» **Ausreichend Schlaf** – denn im Schlaf regenerieren sich Körper und Geist. Zellen werden repariert, und unser Hirn konsolidiert Erinnerungen und verankert Lerninhalte. Gehen wir mit unserem Biorhythmus ins Bett, haben wir in der Regel in acht Stunden Schlaf vier bis fünf Schlafzyklen à 90 Minuten durchlaufen und sind perfekt erholt.
» **Viel Tageslicht** – am besten morgens schon direkt Tageslicht tanken, das stärkt den Biorhythmus. Dann ist man tagsüber richtig wach und kann zugleich abends besser schlafen. Günstig: Ein Spaziergang vor dem Job, mit dem Rad zur Arbeit fahren, im Büro einen möglichst hellen Platz zum Arbeiten wählen, in der Mittagspause rausgehen. Draußen haben wir auch bei schlechtem Wetter 10 000 bis 15 000 Lux, an schönen Tagen mehr als 100 000. Drinnen kriegen wir, wenn wir Glück haben, 400 Lux ab, meistens weniger.
» **Pausen machen** – unbedingt die Mittagspause einhalten. Und alle 90 Minuten fünf Minuten Pause, am besten bewegt … für Gehirn und Körper.

» **Sport zum Runterkommen** – zwischen 17.00 und 19.00 Uhr Sport zum Abschalten und weil Bewegung den Biorhythmus stabilisiert. Schon Dehnübungen oder Yoga verbessern den Schlaf.

» **Nicht zu spät abends essen** – damit der Körper wirklich runterschalten kann.

» **Abends möglichst wenig helles Licht** – und keine große Aufregung, weil das Stresshormon Cortisol uns sonst nicht schlafen lässt.

» **Schlafzeiten beachten** – unser Biorhythmus öffnet nachts etwa alle 90 Minuten ein Schlaffenster. Wenn man normalerweise um 24.00 Uhr bettreif ist, sich aber wach hält, wird man vielleicht erst nach 1.00 Uhr nachts wieder richtig müde.

Beeinflussen die Jahreszeiten meinen Biorhythmus?

Die Jahresrhythmen zeigen sich sogar in unserer Gehirnaktivität. Im frühen Sommer, zwischen Anfang Juni und Anfang Juli, ist unsere Konzentrationsfähigkeit besonders ausgeprägt, zeigen Studien. Wir können überdurchschnittlich lange den Fokus halten. Im Herbst, zwischen Anfang September und Anfang Oktober, ist dagegen das Arbeitsgedächtnis sehr aktiv. Man kann mit mehr unterschiedlichen Informationen jonglieren als zu anderen Jahreszeiten. Im Herbst und Winter benötigen viele Menschen etwas mehr Schlaf – in Studien zeigt sich immer wieder, dass Verschlafen und Zuspätkommen in dieser Jahreszeit viel öfter auftritt. Vielleicht unterstützt das Hoch im Sommer die Fähigkeit, konzentriert die Projekte des Jahres zum Laufen zu bringen. Vielleicht ist es in der Erntezeit im Herbst wichtig, dass man sich viele verschiedene Dinge merken kann. Allerdings ist diese Facette der Chronobiologie noch nicht besonders gut untersucht. Man kann nicht genau sagen, warum sie sich so ausgebildet haben. Aber man kann vermutlich darauf vertrauen, dass sie einen Sinn haben.

Wer das Gefühl hat, dass sein Geist und Körper im Jahresrhythmus unterschiedlich funktionieren, irrt sich nicht. Jeder kann ein bisschen in sich selbst hineinhorchen – und sein Leben auch mit diesem großen Rhythmus ein Stück weit synchronisieren.

Was mach ich am besten wann am Tag?

» **Zeit für den Zahnarzt**
   Es ist günstiger, am späteren Nachmittag zum Zahnarzt zu gehen als morgens – denn später am Tag ist das Schmerzempfinden geringer.

» **Sport im Biorhythmus**
   Morgens nach dem Frühstück und abends ab etwa 17.00 Uhr ist unser Körper dafür besonders bereit für sportliche Betätigung. Am Vormittag ist allerdings die Verletzungsgefahr höher. Experten wie der Chronobiologe Satchin Panda vom kalifornischen Salk Institute raten deshalb dazu, morgens eher zu joggen oder Ausdauertraining zu machen und am späten Nachmittag oder frühen Abend die Gewichte zu heben und den Körper in komplexen Tanz- oder Kickbox-Sessions zu fordern, zudem der Muskelaufbau nachmittags und abends wohl einfach besser funktioniert.

» **Kreative Hochs**
   Auch unsere Kreativität schwingt im Rhythmus unserer inneren Uhr. Denn Kreativität erfordert, dass wir unsere Gedanken frei fließen und neue Einfälle zulassen. Gleichzeitig müssen wir Störungen ausblenden können und vorschnelle Bewertungen unserer Ideen oder bekannte Lösungen bewusst beiseiteschieben. Auch hier können frühe Vögel morgens besser kreativ denken und die Spätaufsteher nachmittags.

» **Meeting-Time**
Soziale Zeiten finden wir besonders angenehmen, wenn wir aus einem Energietief wieder auftauchen. Für Morgenmenschen sind deshalb Meetings und Briefings gegen 14.00 oder 15.00 Uhr günstig. Für Abendmenschen passt auch der Vormittag, bevor sie ihre konzentrierteste Phase haben.

» **Wach und müde im Vier-Stunden-Rhythmus**
Ganz grob schwingt unsere Energiekurve im Vier-Stunden-Rhythmus. Etwa vier Stunden nach dem Aufstehen erleben wir das erste Energiehoch. Ungefähr vier Stunden später ein zweites: Ab 22.00 oder 23.00 Uhr (Morgenmenschen) oder ab 24.00 Uhr (Abendmenschen) zieht es uns ins Bett. Circa vier Stunden dauert der erste Tiefschlaf. Häufig wacht man dann kurz auf und schläft danach noch einmal weiter, allerdings träumt man in der zweiten Schlafphase mehr.

» **Schadet Kaffee meinem Biorhythmus?**
Kaffee macht uns kurzfristig wach. Er verscheucht sozusagen den Schafdruck. Allerdings schiebt er ihn nur nach hinten. Wer also sehr spät Kaffee trinkt, schläft vielleicht auch später, als es für seinen Chronotyp gut wäre – und ist morgens meist recht müde. Alternative Wachmacher: kurze Sporteinheiten. Zehn Kniebeugen. Zwei Minuten flott auf der Stelle joggen.

» **Ein kurzer Mittagsschlaf kann Abendmenschen helfen**
Ausgeprägte Abendtypen bekommen im Alltag mit Familie fast immer zu wenig Schlaf. Ein Mittagsschläfchen kann helfen, das Schlafdefizit immer wieder abzubauen.

» **Wie viel Schlaf brauche ich?**
Schlafforscher sagen: Eine Stunde Wachsein verursacht 20 bis 30 Minuten Schlafbedürfnis.

Gestalte deine persönliche Chrono-Typ-Uhr

Hier hast du Platz dafür, dir deinen Tag und deine Hochs und Tiefs einmal genauer anzusehen! Lebst du wirklich nach deiner inneren Uhr? Gehe wie folgt vor:

» Zeichne einen roten Zeiger ein für die Zeit deiner höchsten Effizienz.

» Zeichne einen blauen Zeiger ein für die Zeit deiner höchsten Kreativität.

» Zeichne einen grünen Zeiger ein für die Zeit, in der dir Meetings, Briefings, längere Gespräche am angenehmsten sind.

» Zeichne einen gelben Zeiger ein für die Zeit, in der du Pausen besonders erholsam findest.

» Zeichne einen orangen Zeiger ein für die Zeit, in der du am liebsten Sport treibst.

» Zeichne einen schwarzen Zeiger ein für dein größtes Tief.

» Zeichne einen pinken Zeiger ein für die Zeit, die für dich ganz persönlich am wertvollsten ist.

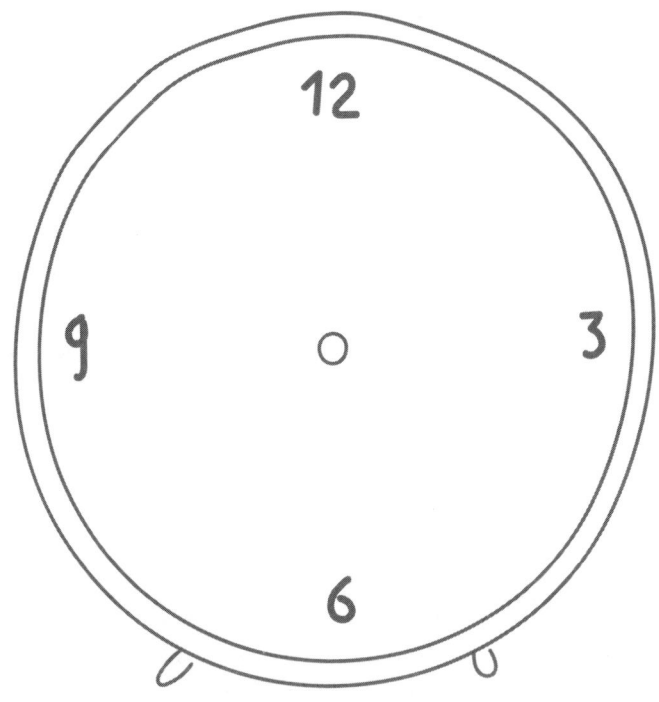

Du kannst dieses Bild auch abpausen und deinem Team oder
deiner Familie geben – so findet ihr leicht die Schnittmengen
und damit die Zeitfenster, in denen konzentrierte Zusammen-
arbeit oder Familienzeit für alle gut funktioniert.

4. KAPITEL

MEIN DIGITALER RHYTHMUS

Was machen Sie? Nichts. Ich lasse das Leben auf mich regnen.

Rahel Varnhagen von Ense

Immer online zu sein tut uns nicht gut. Aber wann und wie oft sollten wir uns eine Pause von der digitalen Welt nehmen? Was wird dann konkret besser? Und wie schafft man das überhaupt?

Neulich las ich auf den Kinderseiten einer Zeitung einen Artikel, der mich amüsierte und nachdenklich machte: Eine Zwölfjährige und ihre Mutter trackten ihr Handyverhalten. Anlass war, dass die Mutter fand, das Kind daddelte zu viel. Eine Begrenzung auf 90 Minuten am Tag fand die Erziehungsberechtigte angemessen – doch das Kind rebellierte. Es wollte mehr Handyzeit, um sich mit den Freundinnen auszutauschen – auch über Schulthemen. Um zu gucken, was die Oma in Süddeutschland macht, und ihr Bilder über einen Messenger zu schicken. Um ein bisschen zu spielen. Für all das würden 90 Minuten nicht ausreichen, meinte die Tochter. Die Mutter hielt dagegen: »Zu viel aufs Smartphone glotzen macht blöd.«

Doch wie viel Handyzeit ist angemessen und gut? Die beiden verabredeten sich zum Praxistest: Jede notierte an einem ganz normalen Tag ihre Smartphone-Nutzung. Was macht man wann und wo mit seinem Mobiltelefon? Am Ende stand fest: Die Mutter hatte mehr als doppelt so viel Zeit mit dem Handy verbracht wie das Kind. Und längst nicht nur mit wichtigen Arbeitsthemen, sondern: hier die Nachrichten gecheckt, dort ein lustiges Video geschaut, da mal eben zwischendurch was gekauft und viele Minuten mit den sozialen Medien verbracht. Die Mutter war erstaunt, das Kind amüsiert. Und es stand fest: Wir Erwachsenen sind mindestens so undiszipliniert mit unserem Smartphonegebrauch wie die Jugend. Häufig sogar noch viel schlimmer. Und wir merken es nicht einmal. Im Schnitt verbringen wir nahezu vier Stunden (3,7) laut einer Studie am Smartphone.[15] Fast 90-mal pro Tag greifen wir zu dem kleinen Gerät.[16]

Smartphones sind ja auch eine tolle Sache. Weil wir mit ihm so viele Dinge tun können, die uns wichtig sind: Das kleine Ding ist Telefon, Briefkasten, Fotoapparat, Kalender, Zeitung, Jukebox, Notizzettel, ja sogar Fernseher, Minikino und Bibliothek in einem. Und nicht zu vergessen: Über die sozialen Medien ist das Mobiltelefon auch der moderne Dorfplatz, auf dem sich alle treffen, um Klatsch und Tratsch auszutauschen. Wenn man sich das einmal klarmacht, wird deutlich, warum uns das Gerät dazu verführt, mit ihm mehr Zeit zu verbringen, als uns guttut. Forscher*innen haben dabei herausgefunden, dass ein gewisser Smartphone-Gebrauch unser Leben besser und produktiver machen kann – einfach weil das kleine Gerät so vieles erleichtert. Vom Navi, der den Weg flott zeigt, bis zur WhatsApp, die eine Verabredung klarmacht. Aber ab einem gewissen Konsum kippt die Kurve. Dann zerhackt uns der ständige Blick aufs Handy die Zeit und unser Lebensgefühl.

Dein Smartphone – König der Ablenkung

Denn genau an dieser Stelle werden die vielen Fähigkeiten der Smartphones zum Problem. Es passiert leicht, dass wir uns ständig bei unseren anderen Tätigkeiten unterbrechen lassen oder dass die kleine Ablenkung sich so sehr ausdehnt, dass wir die Zeit für die anderen wichtigen Dinge im Alltag verdaddeln. Universitätsprofessoren klagen bereits darüber, dass sie immer wieder von säumigen Studierenden hören: »Ich konnte die Hausarbeit nicht pünktlich abgeben wegen Facebook ...«

Studien zeigen, dass unser Mobiltelefon die Königin der Ablenkungen geworden ist. Menschen lenken sich ja immer gern ab. Sei es von Anstrengungen, schlechten Gefühlen oder einfach von Langeweile. Statt am Text weiterzuschreiben, plaudert man mit der Kollegin, statt für die Klausur zu lernen, putzt man die Wohnung. Das Smartphone kommt so klein daher, ist aber in Wahrheit so etwas wie ein Scheunentor für Ablenkung und Aufschieberitis. Schlicht weil es so handlich und immer dabei ist und so vielfältige Möglichkeiten der Zerstreuung bietet. Wir müssen nicht zwingend zum Putzlumpen greifen, sondern schnappen uns das Smartphone und tauchen ab. Wir klicken schneller, als wir denken. Das hat auch damit zu tun, dass die Apps und Social-Media-Angebote darauf programmiert sind, uns süchtig zu machen. Denn unser Gehirn schüttet das Glückshormon Dopamin aus, wenn wir eine schöne Begegnung erwarten, etwas zum Lachen oder Anerkennung. Die Erwartung auf ein Like und die Neugier auf das Leben der anderen triggert diesen Mechanismus in ausgeklügelter Weise und macht die sozialen Medien so unwiderstehlich.

Psychologen sprechen schon davon, dass wir eine regelrechte »Online-Wachsamkeit« entwickelt haben: Weil wir über die sozialen Medien beispielsweise ständig wie auf einer Party in Kontakt mit anderen Menschen sind, hat sich in unserem Denken und Fühlen eine Erwartung etabliert: Nach einer gewissen Zeitspanne fühlen wir so etwas wie den inneren Drang zu gucken: Ist auf Facebook was Spannendes passiert? Hat jemand meinen Post gelikt? Was machen eigentlich die anderen? Unnötig zu sagen, dass die Entwickler dieser Plattformen diese Verhaltensmarotten des Menschen bewusst nutzen, um uns an der kurzen Leine mit den Programmen verbunden zu halten. Sogar wenn unser Telefon nur ausgeschaltet auf dem Tisch liegt, beschäftigt es unseren Geist so sehr, dass unsere Produktivität sinkt.[17]

LEBST DU SCHON ODER GUCKST DU NOCH?

Wie ist es bei dir? Wie oft pro Stunde greifst du zum Smartphone? Und was machst du dann mit dem, was du gelesen, gelikt, gesehen hast?

_____

_____

_____

_____

Bist du manchmal auch genervt von deinen eigenen Smartphone-Gewohnheiten? Bei welchen Gelegenheiten?

Abends glotze ich zu lange

_____

_____

Jede Unterbrechung kostet zehn Minuten

Psycholog*innen haben außerdem in Studien herausgefunden, dass Ablenkungen, die stark automatisiert ablaufen, besonders große Fallen für den Zusammenbruch unserer eigentlichen Pläne sind.[18] Und genau das ist der Blick aufs Handy: eine automatisierte Geste. Und die ist bei vielen mindestens so sehr automatisiert wie das Zähneputzen oder der Griff zur Bonbondose. Andere typische Aufschieberitis-Tätigkeiten wie Putzen, Fernsehen oder Tagträumen sind nicht so stark automatisiert – deshalb gewinnt seit einigen Jahren fast immer das Smartphone. Die Wohnung bleibt schmutzig.

Zusätzlich rauben wir uns selbst ständig Zeit und Energie, weil wir jedwede andere Tätigkeit unterbrechen, wenn das Telefon klingelt oder summt. Was uns nicht bewusst ist: Schon sehr kurze Unterbrechungen von 2,8 Sekunden – zum Beispiel, um aufs klingelnde Smartphone zu gucken und zu entscheiden, ob ich rangehe oder nicht, oder den Betreff einer aufploppenden E-Mail zu checken – bringen uns aus dem Konzept, wie Studien zeigen.[19] Und dann dauert es jedes Mal um die zehn Minuten, bis man wieder voll drin ist in seinem Thema.[20] So verschlingt eine Aufgabe, die man in 30 Minuten konzentriert locker erledigen könnte, leicht 90 Minuten. Oder man bringt sie gar nicht zu Ende, weil man den Faden verliert. Krass, oder?

Wenn dazu noch ständig E-Mails auf dem Computer aufpoppen, die man dann auch noch kurz anliest oder gleich beantwortet, kommt man eigentlich gar nicht mehr zum konzentrierten Arbeiten.

Jeder fünfte Beschäftigte klagt über die ständige Unterbrechung durch E-Mails oder Massenger-Nachrichten. Dennoch gehen wir ständig ran – die Angst, etwas zu verpassen, treibt uns an. Und viele Vorgesetzte fordern ständige Erreichbarkeit. Digitaler Stress ist längst ein feststehender Begriff. Doch in unserer privaten Zeit stören wir uns zusätzlich auch noch selbst im Fluss des Seins, weil wir laufend aus der realen in die digitale Welt switchen. Bestimmt hast du auch Bekannte, mit denen man gar nichts mehr in Ruhe unternehmen kann. Zumindest ein Selfie für Insta muss gemacht werden.

Du verlierst das Spiel von Erwartung und Enttäuschung

Dabei halten die sozialen Medien ihr Versprechen vom kleinen Glückskick gar nicht unbedingt. Häufig fühlen wir uns sogar schlechter als vorher, wenn wir unsere sozialen Kanäle checken. Denn die Bilder und Posts triggern eine andere typisch menschliche Eigenschaft: den Vergleich mit anderen. Zuerst freuen wir uns über die schönen Bilder der Instagram-Bekannten vom Spaziergang am Fluss oder dem leckeren Abendessen. Aber schon Millisekunden später nagt etwas in uns, das fragt: Mache ich was falsch? Ich war noch nie unter der Woche um 11.00 Uhr spazieren. Und ein so liebevoll zubereitetes Abendessen kriege ich auch nicht hin.

Der flotte Blick in die Nachrichtenportale hat einen ähnlichen Effekt. Erst zieht uns die Aussicht auf Neuigkeiten magisch an. Denn unser Gehirn ist gierig nach Informationen. Aber leider servieren uns die Nachrichten vor allem die negativen News aus der Welt, und diese bleiben dann auch noch stärker im Hirn haften. Schlicht, weil wir darauf gepolt sind, uns vor eventuellen Gefahren zu schützen. Auch wenn wir nur zehn Sekunden lesen, dass wieder Flüchtlinge im Mittelmeer ertrunken sind, schwingt das mitunter noch Stunden nach. Unser Bewusstsein kämpft die sorgenvollen oder ängstlichen Gedanken zwar meist erfolgreich nieder, und wir können in unserem Alltag weitermachen. Aber das kostet Willenskraft.

BAD VIBRATIONS

Kennst du die Situation, dass du dich fast euphorisch den
Newsportalen und sozialen Medien widmest, dich aber
hinterher eher schlechter als besser fühlst? Welche
Informationen oder Gefühle belasten dich besonders
nachhaltig? Notiere deine Gedanken hierzu:

_____

_____

_____

_____

Diese perfide Mischung aus freudiger Erwartung und
Enttäuschung verführt uns leider dazu, gleich noch
weiterzusurfen, statt das Handy genervt wegzulegen. Wir
geben die Hoffnung einfach nicht auf: Vielleicht finden wir
ja doch noch etwas, über das wir uns einfach nur freuen.

WAS TREIBT DICH AN?

Kennst du die Situation, dass du dich ziemlich lange in den
sozialen Netzwerken verlierst? Was führt dich immer
weiter? Welche Gefühle empfindest du?

_____

_____

_____

_____

Vorsicht Ersatzbefriedigung

Du hast es schon bemerkt: Die Klebrigkeit der sozialen Medien hat sehr viel mit unserer psychologischen Ausstattung zu tun. Wir Menschen haben drei grundlegende Bedürfnisse – und die Welt der sozialen Medien bespielt sie alle:

» Wir möchten uns mit anderen verbunden fühlen (Bindung).
» Wir möchten uns frei entfalten können (Autonomie).
» Wir möchten uns als kompetent erleben (Kompetenz).

Deshalb fühlen wir uns zum Beispiel pudelwohl, wenn wir mit Freunden zusammen im Garten werkeln (Verbundenheit), dabei jeder das macht, was ihm am meisten Spaß bringt (Autonomie), und wir spüren, dass wir richtig gut vorankommen mit dem Projekt »schöner Garten«. Wir fühlen uns bestätigt darin, etwas gut zu beherrschen (Kompetenz).

Aus dem gleichen Grund fühlen wir uns sofort mies, wenn wir allein am Schreibtisch vor einer schwierigen Aufgabe sitzen und nicht so recht weiterkommen. Denn dann sind wir sowohl auf der Ebene Verbundenheit als auch in unserer Autonomie und in unserem Kompetenzgefühl im Mangel. Unser negatives Gefühl zeigt uns an: Nur weg hier! Tu was, dass es sich wieder besser anfühlt! Schnell! Du errätst es: Allein am Schreibtisch ist der Klick in die vermeintlich angenehmere digitale Welt nicht weit. Einfach, weil es eine Methode ist, um seine Bedürfnisse schnell zu befriedigen – und das fühlt sich erst einmal besser an. Auf lange Sicht macht es das Problem aber häufig noch größer. Denn wenn wir vom Display aufblicken, liegt die unangenehme Aufgabe immer noch da. Und die Zeit ist jetzt noch knapper.

Zu viel Online-Zeit bringt uns aus dem Takt

Am Ende tragen wir im digitalen Alltag oftmals drei Probleme mit uns: Zum einen haben wir uns so viel abgelenkt oder im Arbeitsfluss unterbrochen, dass wir mit unseren wichtigen Aufgaben in Zeitdruck geraten (und auch subjektiv das Gefühl haben, nicht wirklich was geschafft zu haben). Deshalb erlauben wir uns auch keine ordentliche Pause mehr, die unserem Energiehaushalt guttun würde. Am Ende des Tages sind wir deshalb erschöpfter und unzufriedener mit den Ergebnissen. Unser guter Rhythmus ist uns abhandengekommen.

Zweitens fühlen wir uns nach der Handyzeit entgegen unseren Erwartungen nicht wohler, sondern mangelhafter im Vergleich zum vermeintlich strahlenden Leben der anderen. Der Frust kann sehr belasten. Manche reagieren auch, indem sie die eigene Posting-Rate der schönen Momente im Leben nach oben fahren. Sozusagen Selbstwertreparatur. Die Likes der anderen für das Selfie mit Latte macchiato im Sonnenschein lassen das eigene Leben wieder glänzen. Ganz schön anstrengend, auf diese Weise seinen Gefühlshaushalt im Gleichgewicht zu halten – und noch mehr verdaddelte Zeit.

Und zum Dritten haben wir bis zum Abend auf diese Weise ganz schön viel Willenskraft darin investiert, die widerstreitenden Gefühle niederzukämpfen oder nach den Unterbrechungen unsere Konzentration wieder aufzunehmen. Das Problem dabei: Willenskraft und Selbstkontrolle stehen uns an einem Tag nicht unendlich viel zur Verfügung. Sie sind wie eine Packung Kekse: irgendwann einfach aufgegessen.

Abends fällt es uns deshalb noch schwerer, der flotten Verführung zu widerstehen. Wir kleben mit dem Smartphone auf dem Sofa fest, gehen später ins Bett, als wir wollten, oder daddeln im Bett noch weiter – und dann schwirrt uns von den Infos der Kopf, und der Einfluss des vielen blauen Lichts aus dem Handy erschwert uns das Einschlafen. Unser Schlafrhythmus und unser Energiefluss leiden.

Nimm die Challenge an und hol dir deinen guten Rhythmus zurück

Klar kann man sagen: Dann lass doch die sozialen Medien einfach mal beiseite. Wie bei Alkoholikern. Null Prozent. Aber im
Fall der sozialen Medien ist das auch weltfremd. Man könnte sagen: Ich nehme die Challenge an. Denn nichts anderes ist es
letztlich.

Die digitalen und sozialen Medien sind eine neuartige Herausforderung für unsere Selbstkontrolle. Wir können sie also
auch nutzen, um diese zu trainieren. Selbstkontrolle klingt hart.
Ist uns aber auch als der berühmte innere Schweinehund bekannt. Investiere ein wenig Kraft und erziehe dein Hündchen.
Bewusst einen guten Rhythmus zu leben ist in vielen Bereichen
hilfreich. Warum dann nicht anhand der sozialen Medien üben.
Schließlich sind die Vorteile ja auch nicht wegzudiskutieren.

Ich finde es super, dass meine Geschwister mir Fotos vom Besuch bei meiner Mutter schicken. Dass ich Geburtstagsgrüße als

Film versenden kann. Dass ich mehr davon mitbekomme, was meine Freund*innen in anderen Städten oder Ländern tun und dass ich unterwegs Nachrichten lesen oder meine Lieblingsmusik hören kann. Ich liebe es auch, auf Instagram Kunstprojekten zu folgen, Musiker*innen oder Buchblogger*innen. Via WhatsApp und E-Mail kann ich herrlich schnell kommunizieren. Über Facebook tausche ich mich viel mit Kolleg*innen aus. Das Smartphone oder die digitalen Medien zu verdammen ist für mich keine wirkliche Lösung. Eher ist mein Ehrgeiz geweckt, die Sache in den Griff zu bekommen – und damit die verdrehte Situation zu beenden, dass das Smartphone mich im Griff hat.

Aber wo anfangen? Am besten direkt da, wo das Smartphone uns packt: an dem Wunsch, uns mit anderen zu verbinden. An der Sehnsucht nach dem schnellen Lust- oder Lobkick. An unserem Hang zum Aufschieben und Ablenken von unangenehmen Aufgaben.

Social-Media-Challenge: Ich bin dann mal off!

Lies dir die folgenden Anregungen durch. Suche dir die Themen aus, die dir am besten gefallen. Nun wähle in den nächsten vier Wochen jeweils maximal zwei Themen für die Woche und setze sie um. Vielleicht magst du dich mit einem Freund oder einer Freundin zusammentun, und ihr meistert die Challenge zusammen? Notiere jeden Tag ein paar Worte.

» **Schütze deine Energiehochs**
Du kennst deinen ungefähren Biorhythmus bereits, weißt, ob du eher Morgenmensch oder Abendmensch bist und wann deine Energiehochs sind. Schütze diese produktiven Zeiten und sabotiere dich nicht mit digitalen Ablenkungen. Das heißt konkret: Stell dein Smartphone für 30 oder sogar 60

Minuten stumm. Lege es außerhalb deines Blickfelds ab. Klick den Messenger am Bildschirm weg. Mach das E-Mail-Postfach zu. Arbeite ungestört. Danach kannst du dir fünf Minuten nehmen, um Nachrichten zu checken und zurückzurufen, falls nötig.

Wie klappt es? Wie fühlst du dich? Was ist leicht? Was fällt dir schwer?

Tag 1 _____

_____

Tag 2 _____

_____

Tag 3 _____

_____

Tag 4 _____

_____

Tag 5 _____

_____

Tag 6 _____

_____

Tag 7 _____

_____

» **Mach echte Pause statt digitale Pause**

Häufig greifen wir zum Handy, wenn wir müde werden. Es muss sozusagen für versteckte Verschnaufpausen herhalten. Hör damit auf. Mach stattdessen nach einer Phase konzentrierten Arbeitens eine echte Pause. Je nach Beruf kann das nach 60 oder 90 Minuten am Computer sein. Oder auch die festen Pausenzeiten, die in deinem Beruf üblich sind. Das heißt, du sorgst dafür, dass sich dein Körper und dein Geist entspannen. Du gehst um den Block, lässt deinen Blick aus dem Fenster in die Ferne schweifen, reckst und streckst dich, denkst bewusst an schöne Dinge. Genuss hilft dabei. Trinke in Ruhe einen Tee. Erlaube dir erst nach dieser echten Pause den Blick aufs Handy – falls du überhaupt noch das Bedürfnis verspürst.

Wie klappt es? Wie fühlst du dich? Was ist leicht? Was fällt dir schwer?

Tag 1 _____

_____

Tag 2 _____

_____

Tag 3 _____

_____

Tag 4 _____

_____

Tag 5 _____

_____

Tag 6 _____

_____

Tag 7 _____

_____

» **Schaffe dir ein neues Abendritual**
Abends ist unsere Selbstkontrolle bereits vom Tag erschöpft.
Denn jede Entscheidung fordert geistige Kraft. Wie ein Muskel ist sie irgendwann etwas erschlafft. Genau deshalb versackt
man auch gerade abends so leicht bei Netflix oder am Smartphone. Man kann sich einfach nicht mehr entscheiden, etwas
anderes zu tun. Deshalb: Schreibe dir jetzt eine Liste mit Dingen, die dich entspannen und die du gern tust. Das sind deine
Alternativen zum digitalen Konsum. Abends musst du nun
nur auf deine Liste gucken, bevor du im Sofa versinkst, und
eine Sache aussuchen. Lass dein Smartphone aus.
Wie klappt es? Wie fühlst du dich? Was ist leicht? Was fällt dir
schwer?

Tag 1 _____

_____

Tag 2 _____

_____

Tag 3 _____

_____

Tag 4 _____

_____

Tag 5 _____

_____

Tag 6 _____

_____

Tag 7 _____

_____

» **Überliste deine Gewohnheit**

Der Griff zum Smartphone ist für viele ein automatisierter Handgriff. Doch genau diese automatisierten Rituale halten uns häufig in Verhaltensweisen fest, die wir gar nicht mehr wollen. Genau wie der Griff in die Bonbondose der Kollegin oder das Nägelkauen. Sobald wir Stress haben – zack, schon passiert es wieder. Deshalb: Baue deine Routinen rund um dein Smartphone ab. Lass das Smartphone bewusst zu Hause, wenn du joggen oder spazieren gehst. Lege es nachts auf dem Küchentisch statt neben dein Bett (vielleicht musst du dir einen kleinen Wecker kaufen). Experimentiere mit digitalen Detox-Zeiten. 30 Minuten ohne Blick aufs Display, 60, 90 – ein halber Tag? Installiere eine App, die deinen Konsum der sozialen Medien limitiert. Statt zwischendurch Postings loszuschicken, gönne dir nach der Mittagspause zehn Minuten für deine sozialen Medien. Werde kreativ und entwickele alternative Gewohnheiten, die dich entspannen. Vielleicht rufst du abends Freundinnen an? Oder gehst einmal um den Block? Führst Tagebuch? Nimm dir eine Gewohnheit vor und verändere sie.

Wie klappt es? Wie fühlst du dich? Was ist leicht? Was fällt dir schwer?

Tag 1 _____

_____

Tag 2 _____

_____

Tag 3 _____

_____

Tag 4 _____

_____

Tag 5 _____

_____

Tag 6 _____

_____

Tag 7 _____

_____

» **Erlaube dir Nachrichtendiät**
Wir stehen auf Nachrichten, weil sie viele unserer psychologischen Grundbedürfnisse befriedigen: Wir fühlen uns informiert und wissen, worüber die anderen reden. Außerdem drehen sich Nachrichten häufig um die negativen Ereignisse, und das weckt unser Interesse automatisch. Denn unser

Gehirn ist darauf gepolt, Gefahren im Blick zu haben. Doch sehr häufig betreffen uns die Nachrichten überhaupt nicht direkt. Und leider sind die negativen News in den Portalen stark überrepräsentiert. Deshalb: Checke seltener die Nachrichten und lies lieber wenige tiefere Analysen zu den Themen. Und auch das vielleicht nur alle zwei Tage. Du wirst merken: Du verpasst nichts Wichtiges, aber deine Stimmung profitiert vom News-Fasten.

Wie klappt es? Wie fühlst du dich? Was ist leicht? Was fällt dir schwer?

Tag 1 _____

_____

Tag 2 _____

_____

Tag 3 _____

_____

Tag 4 _____

_____

Tag 5 _____

_____

Tag 6 _____

_____

Tag 7 _____

_____

» **Räume deine Apps und deine Nutzungszeiten auf**
Meist sammeln sich mit der Zeit jede Menge Apps auf dem
Handy an. Räume auf. Welche sozialen Kanäle möchtest du
wirklich mobil dabeihaben? Welche Portale eignen sich eigentlich besser für den stationären Rechner? Eine Bekannte
schrieb mir: »Ich habe nur Twitter auf dem Smartphone.
Facebook und Instagram bediene ich am Rechner.« Welche
App nutzt du nie? Lösche sie. Pass außerdem in dieser Woche
auf die Vermischung von Beruf und Privatem auf. Ein Freund
schrieb: »Ich trenne weitgehend berufliche und private Kanäle.« Das heißt zum Beispiel, er checkt beim Frühstück oder
abends keine beruflichen Mails. Ich selbst nutze WhatsApp
ausschließlich privat.
Wie klappt es? Wie fühlst du dich? Was ist leicht? Was fällt dir
schwer?

Tag 1 _____

_____

Tag 2 _____

_____

Tag 3 _____

_____

Tag 4 _____

_____

Tag 5 _____

_____

Tag 6 _____

_____

Tag 7 _____

_____

» Sorge in der echten Welt gut für dich

Wir Menschen sind eigentlich simpel gestrickt: Sind unsere psychologischen Grundbedürfnisse befriedigt, ist die Welt in Ordnung. Die sozialen Medien sind so etwas wie Fast Food für die Seele. Das verführt uns dazu, unsere Bedürfnisse zu häufig dort statt in der echten Welt zu befriedigen. Vermeintlich ist es leicht und schneller. Wir folgen enthusiastisch den Reiseblogger*innen und träumen von einem freien Leben. Wir konsumieren Nachrichten und Erklärvideos – und genießen das Gefühl, kompetent und wissend zu sein. Und wir schauen vielfach am Tag, wer was wie gepostet und gelikt hat, und fühlen uns verbunden. Das Problem ist nur: Wir hängen in der virtuellen Welt fest. Wir sind süchtig.

Achte in dieser Woche darauf, deine Bedürfnisse in der realen Welt zu befriedigen. Gewöhne dir an, jedes Mal bevor du WhatsApp oder Facebook nutzt, einmal tief ein- und auszuatmen. Frage dich: Was will ich jetzt wirklich? Wenn du auf diese oder eine andere Weise innerlich häufiger »Stopp« sagst, bevor du reflexartig zum Smartphone greifst, bekommst du die Freiheit, auch mal eine andere Reaktion zu wählen und deinen Alltag wieder in Richtung guter Rhythmus zu lenken. Ein Beispiel: Du kommst im Job nicht weiter, fühlst dich dumm und hast sofort den Impuls, dich mit Insta abzulenken. Du könntest in so einem Moment auch aufstehen und der Kollegin von deinem Problem erzählen. Oder sie konkret um Rat fragen – und darüber die ersehnte Verbindung mit anderen Menschen plus das Gefühl von Kompetenz herzustellen. Du könntest auch die Arbeit unterbrechen und für kurze Zeit etwas tun, das dir das Gefühl von Kompetenz gibt. Deinen Schreibtisch aufräumen zum Beispiel. Dies wird deinem allgemeinen Befinden sofort guttun, denn dein grundlegendes Bedürfnis ist nun befriedigt. Und es kann gut sein, dass du mit dieser frischen Energie zurück an deine Aufgabe gehst und plötzlich doch eine Idee hast, wie du sie bearbeiten kannst.

Wie klappt es? Wie fühlst du dich? Was ist leicht? Was fällt dir schwer?

Tag 1 _____

_____

Tag 2 _____

_____

Tag 3 _____

_____

Tag 4 _____

_____

Tag 5 _____

_____

Tag 6 _____

_____

Tag 7 _____

_____

» **Experimentiere mit festen Zeiten**

Wie viel Zeit findest du zum Beispiel für Instagram angemessen? 20 Minuten pro Tag? Und was genau interessiert dich da? Sind es schöne Bilder? Die Inspirationen? Frage dich für Facebook, Twitter, WhatsApp, Clubhouse, E-Mails am Smartphone – was auch immer du nutzt –, wie viel Zeit du mit dieser Kommunikationsplattform verbringen möchtest und was du dort genau suchst. Setze dir für diese Woche feste Zeiten. Zum Beispiel: vormittags zehn Minuten Instagram als Inspiration und abends, um zu sehen, was die Freundinnen machen. Im Mittagstief 15 Minuten Linked für die Nachrichten aus meinem Netzwerk.

Wie geht es dir damit?

Tag 1 _____

_____

Tag 2 _____

_____

Tag 3 _____

_____

Tag 4 _____

_____

Tag 5 _____

_____

Tag 6 _____

_____

Tag 7 _____

_____

» **Zum Challenge-Abschluss**

Was hast du in diesem Monat über dich erfahren? Was hat sich durch die Übungen verändert? Welche hat dir am besten gefallen? Welche Anregung nutzt dir am meisten, um wieder in einen guten Rhythmus zu kommen, der die digitale Welt in guter Weise in dein Leben integriert?

Woche 1 _____

_____

Woche 2 _____

_____

Woche 3 _____

_____

Woche 4 _____

_____

# Digitaler Rhythmus: Verfasse dein Manifest

Was hilft dir dabei, einen guten Rhythmus in deinem Leben zwischen Online- und Offline-Zeit zu pflegen? Schreibe ein kleines Manifest dazu. Hier ein paar Anregungen:

» Ich verbinde mich gern mit Freundinnen und Bekannten über die sozialen Medien – und genauso gern offline.

» Meine Portale für den Beruf sind XX und XX, die checke ich in der Arbeitszeit.

» Ich liebe die schönen Bilder auf Instagram. Und gönne mir bewusst jeden Tag Zeit dafür.

» Abends bin ich dann mal weg. Ab 22.00 Uhr darf mein Smartphone schlafen.

» Meine Mini-Challenge im Alltag: Ich verbringe kurze Wartezeiten offline.

» ...

5. KAPITEL

MEINE KREATIVITÄT

Kreativität ist die Intelligenz, die Spaß hat.

Albert Einstein, Physiker

In diesem Kapitel erkundest du deinen kreativen Rhythmus. So bekommst du bessere Ideen, findest kreativere Lösungen und hast dazu eine Menge Spaß.

Kennst du das Spiel »Überall Gesichter«? Es ist ganz leicht. Du gehst raus und entscheidest dich, wo immer es geht, Augen, Nasen, Münder, Ohren zu erkennen. Und plötzlich siehst du überall Gesichter: zwei Fenster in der Häuserfront und eine Tür – das sieht doch aus wie Augen und Nase. Und der Mülleimer mit den zwei Aufklebern – ein Gesicht mit lustigen Augen. In den Wolken und in der Obstschale entdeckt man drollige Grimassen oder strenge Mienen. Die Stadt wird zum Wohnort eines kuriosen Völkchens. Wir können fast überall ein Antlitz entdecken. Man muss nur mal lockerlassen und spielerisch auf die Welt gucken.

Genau diese lockere Denke bewerkstelligt unser kreativer Geist. Er ist assoziativ und verspielt. Er verbindet Dinge, die in der Welt des Verstandes nicht zusammengehören. Und so traut er sich auch, das Unmögliche zu denken. Er kann in jeder Wolke ein Wesen erkennen – und für Probleme völlig neue Lösungen finden, an die vorher noch keiner gedacht hat.

Mit diesem kreativen Denken zaubern wir ein leckeres Gericht aus den Zutaten, die der Kühlschrank gerade hergibt. Wir reparieren den kaputten Rasensprenger provisorisch mit einem Haargummi. Oder wir erfinden wie aus dem Nichts neue Spielideen an einem Regentag im Urlaub. Jede kleine Notlösung im persönlichen Auf und Ab ist genauso wie jede große Erfindung der Menschheit das Ergebnis kreativer Gedanken.

Oft genug ist unser Blick für diese kreative Kraft allerdings verstellt. Denn in unserem Alltag sind wir nicht kreativ und denken verspielt in ungewöhnliche Richtungen. Sondern wir suchen die schnellste und am besten auch erprobte Lösung für unsere Probleme. Anders gesagt: Im Normalfall bemühen wir erst einmal unseren analytischen Verstand, um Probleme zu lösen. Unser Gehirn kramt in seinen Schubladen mit den gewohnten Lösungen nach einer passenden Idee. Das geht blitzschnell und ist sehr energie- und kräftesparend. In der Psychologie nennt man dieses Denken konvergent. Häufig funktioniert das sehr gut. In unserem Hirn sind schließlich Tausende von Erfahrungen abgespeichert und mit ihnen auch die Lösungen für Probleme aller Art. Von der Frage »Was ziehe ich an?« über »Wie repariere ich den kaputten Fahrradschlauch?« bis hin zu schwierigeren Aufgaben wie »Wie bereite ich ein Meeting geschickt vor?«.

Stoßen wir allerdings auf Probleme, für die wir keine Standardlösung haben, versagt dieses System. Dabei begegnen uns solche Schwierigkeiten ohne Standardlösung ziemlich häufig. Zum Beispiel in so banale Momenten, wenn wir vergessen haben einzukaufen und nun im Kühlschrank nur eine Zitrone und etwas Sahne vorfinden. Aber es gibt auch einen Haufen großer Probleme, für die erprobte Lösungen nicht funktionieren, wie die Klimafragen oder der Umgang mit einer Pandemie. Dann suchen und suchen wir in unserem Hirn und finden keine gute

Idee in unserem Erfahrungsschatz. Wir drehen uns gedanklich im Kreis. Unser Hirn kramt immer verzweifelter – doch die Schubladen sind leer. Wir grübeln manchmal stundenlang ohne Ergebnis. Psychologen nennen dieses Phänomen Fixierung.[21] Das Festgrübeln führt uns gedanklich aufs Abstellgleis. Unser Hirn ist superbeschäftigt, ohne dass wir eine Lösung finden. Das macht schlechte Laune oder sogar Angst. Es nagt am Selbstbewusstsein und blockiert uns. Albert Einstein hat deshalb einmal gesagt: »Fantasie ist wichtiger als Wissen, denn Wissen ist begrenzt.«

Bessere Lösungen mit Kreativität

In solchen Momenten ist unser kreatives Denken die Rettung. Es befähigt unser Gehirn, neue Lösungen zu entwickeln. Wenn wir kreativ denken, öffnet sich unser Geist. Psychologen nennen diesen Denkstil deshalb auch divergent. Wir verbinden verschiedene Dinge, die wir wahrnehmen, mit Wissen, das wir schon haben – und kreieren neue Ideen. Diese probieren wir aus und wählen dann die Idee, die besonders Erfolg versprechend ist, um sie weiter zu verfeinern. Fast jeder kennt diese Art zu denken aus den schönen Künsten oder aus dem DIY-Bereich: Wenn wir malen, werken, musizieren oder ohne Rezept kochen, nutzen wir unsere Kreativität ganz selbstverständlich. Wir probieren aus, schaffen ungewöhnliche Kombinationen, lassen uns von anderen Feldern unseres Lebens zu nie Dagewesenem inspirieren.

WIE VIELE KREATIVE IDEEN HATTEST DU IN DER LETZTEN WOCHE?

Denke zum Beispiel an kleine Probleme, die du auf neue Art gelöst hast. Ganz gleich, ob im Beruf oder im privaten Bereich.

_____

_____

_____

_____

Bestimmt hast du einiges notiert. Trotzdem haben wir oft das Gefühl, nicht kreativ zu sein. Das kommt daher, dass der Begriff Kreativität lange Zeit fast ausschließlich für die schönen Künste benutzt wurde. Maler*innen und Bildhauer*innen sind kreativ. Sowie die Menschen, die in kreativen Berufen arbeiten. Aber sonst? Schnell hat man Kreativsein mit Chaos gleichgesetzt. Und wer will schon chaotisch sein? Vor allem im Beruf?

Alle Menschen sind Erfinder

Dabei ist Kreativität eine der Eigenschaften, die den Menschen ganz besonders auszeichnet, wie der Kreativitätsforscher Heinz Schuler erklärt. Sie ist sozusagen ein Produkt unserer Menschwerdung. »Die ausgeprägte kreative Fähigkeit des Menschen hat sich vermutlich als existenzielle Eigenschaft im Laufe der Evolution herausgebildet«, nimmt Schuler an.[22] Denn: Menschen waren seit jeher mit Gefahren aller Art konfrontiert – häufig Gefahren und Herausforderungen, für die es keine einfache Lösung gab. Sei es die Begegnung mit wilden Tieren, eine Trockenzeit, eine Hungersnot, ein verfrühter Wintereinbruch ... »In diesen

Situationen war es nicht hilfreich, nach der einen perfekten Lösung zu suchen, sondern es war besser, wenn die Menschen viele gute Ideen entwickelten und dann auswählen konnten«, erklärt Schuler. Einem wilden Tier kann man durch den beherzten Sprung in den Fluss entkommen – aber vielleicht in einer anderen Situation auch, indem man auf einen Baum klettert oder dem Tier eine Feuerfackel entgegenhält. Eine Hungersnot kann man durch Vorratshaltung überleben, aber auch, wenn man neue Nahrungsquellen erschließt. Am besten beides. »Je mehr Auswahl ich habe, desto größer sind meine Chancen zu überleben«, sagt Schuler.

Heutzutage rangeln wir seltener mit wilden Tieren als mit den kleinen und großen Schwierigkeiten unseres Alltags, für die wir kreative Lösungen benötigen. Denn für immer mehr Probleme, die wir haben, gibt es keine Standardlösungen. Wie geht man in einer Patchworkfamilie miteinander um, sodass alle zufrieden sind? Wie arbeitet man mit Vorgesetzten, die in einem anderen Land sitzen? Wie kocht man ein leckeres Festmenü, wenn Fleischliebhaber*innen, Veganer*innen und Vegetarier*innen unter den Gästen sein werden? Wie gelingt guter Unterricht im Homeschooling? Wie rettet man die Kultur in der Krise? Die Zeit der Standardlösungen scheint ab und an vorbei zu sein. Weil unser Leben im Privaten individueller geworden ist. Weil sich auch im Arbeitsleben ständig etwas verändert. Und weil die ganze Welt neue Lösungen braucht, wenn man an Klimaschutz, Welthunger oder den Wunsch nach Frieden denkt. Für all diese Probleme gibt es keine Standardlösung.

Das Leben ist eine Kreativitätsschule

Der Beginn der Corona-Zeiten war insofern eine Kreativitätsschulung für alle. Wir waren gezwungen, ständig Lösungen für völlig neue Probleme zu finden: Es wurden Community-Masken in allen Farben und Formen genäht. Wir haben uns in Weihnachtsstimmung gebracht, auch ohne Kirchgang und Weihnachtsmarkt. Wir haben mit der Oma per Zoom gefeiert. Wir haben uns statt am Mittelmeer auf Balkonien erholt. Es hat nicht immer perfekt geklappt. Aber für vieles konnten wir neue Lösungen finden. Jeder für sich.

Ein schönes Beispiel hat mir eine Freundin erzählt: Ihre Kollegin war total gestresst von den vielen Online-Meetings. Immer in den Bildschirm starren. Sie fand es schwierig, in dieser Bewegungslosigkeit wach und aufmerksam zu bleiben. Da hatte sie eine Idee: Sie schaltete das Bild aus. Viele Kolleg*innen hatten aus technischen Gründen ohnehin kein Bild an, und letztlich ging es ja vor allem um den Ton. Und sie holte das Bügelbrett raus. Fortan bügelte sie im Meeting. Ihre Erfahrung: Sie kann super zuhören, wenn ihre Hände in Bewegung sind. Und das Bügeln frisst keine Konzentration. Per Headset kann sie sich jederzeit zu Wort melden, wenn ihre Meinung gefragt ist. Seither sind Meetings keine Last mehr für sie.

So stärkst du deinen Einfallsreichtum

In der Arbeitswelt wird die wachsende Bedeutung von Kreativität besonders sichtbar. Derzeit steht Kreativität in der »Studie zu den wichtigsten Fähigkeiten für den Arbeitsmarkt« auf Platz 5, noch vor wenigen Jahren lag sie auf Platz 10.[23] Jetzt ist also eine gute Zeit, um dein kreatives Denken mehr herauszukitzeln. Es wird dir nicht nur im Job nutzen.

Häufig wissen wir jedoch nicht, wie das genau geht. Viele glauben gar, sie seien gar nicht kreativ. Und wenn, dann nicht auf Knopfdruck. Kreativität wird oft als etwas betrachtet, was von sich aus geschieht. Wie eine Eingebung. Gern unter der Dusche, aber nie auf Befehl. Doch das ist nur die halbe Wahrheit. Es stimmt zwar, dass zu viel Druck Kreativität verscheucht, doch an einer bestimmten Stelle im kreativen Prozess ist ein bisschen Druck sogar hilfreich. Mit dem richtigen Rhythmus können wir dafür sorgen, dass die kreativen Ideen nur so sprudeln.

Dein kreativer Rhythmus

Kreative Ideen entwickeln sich in sechs Schritten:
» **Schritt 1:** Du konkretisierst dein Problem.
» **Schritt 2:** Du sammelst Informationen dazu.
» **Schritt 3:** Du schickst den Verstand in den Urlaub.
» **Schritt 4:** Du sammelst deine kreativen Ideen.
» **Schritt 5:** Du wählst eine aus.
» **Schritt 6:** Du setzt deine Erkenntnisse um.

Manche dieser Schritte fordern deine Konzentration oder einen klaren Fokus. Andere funktionieren nur, wenn du innerlich loslässt und deinen Verstand für einen Moment zur Seite legst. Und obwohl es sechs Schritte sind, kannst du sie auch ziemlich flott anwenden. Für manches Problem musst du vielleicht nur eine Stunde recherchieren, und die Mittagspause reicht als Reifezeit für eine kreative Lösung. In diesem Rhythmus wirst du auf jeden Fall häufig neue und gute Ideen für Probleme finden, bei denen du mit Grübeln bisher nicht weitergekommen bist. Probiere es aus. Hier kommt eine praktische Anleitung für dich. Nimm dir einfach irgendein Thema, für das du gern eine Lösung hättest, und leg los.

Schritt 1: Was ist dein Problem?
Am Anfang des kreativen Prozesses geht es interessanterweise kein bisschen um Kreativität. Sondern hier ist dein scharfer Verstand gefragt. Denn dein kreatives Denken kann sich nur entfalten, wenn du genau weißt, welches Problem du überhaupt lösen

möchtest. Nimm dir deshalb Zeit, um dein Problem so präzise wie möglich zu benennen. Je genauer du die Frage formulierst, die du lösen möchtest, umso bessere Ideen werden entstehen. Die Fragestellung ist sozusagen die Lupe, die den Blick in die richtige Richtung fokussiert. Außerdem steckt in der richtigen Fragestellung häufig schon ein Teil der Lösung verborgen. Frage dich also: Was ist überhaupt genau mein Problem? Dein Ausgangspunkt ist vielleicht: »Mich stressen meine E-Mails.« Aber was genau ist dein konkretes Problem? Zu viele E-Mails? Zu nervige E-Mails? Zu schwierige Inhalte? Zeitdruck in der Bearbeitung?

Oder im Privaten: Vielleicht ärgerst du dich über den pubertierenden Sohn. Du findest, er solle mal aktiver sein. Aber was genau ist dein Ziel bzw. das Problem, das du lösen möchtest? Möchtest du, dass er mehr mit dir spricht? Sich stärker im Haushalt beteiligt? Sich sorgfältiger um seine Schulsachen kümmert? Mehr Sport treibt?

Welches Problem genau möchtest du lösen?

_____

_____

_____

_____

Schritt 2: Informiere dich, vergrößere dein Wissen (Informationszeit)

Kreative Ideen entstehen nicht aus dem Nichts. Kreative Denker haben ihre guten Ideen in Bereichen, in denen sie sich auskennen und bereits viel wissen. Die US-amerikanische Erfinderin

Maria Beasley erfand die schwimmende Rettungsinsel – und nutzte dazu auch ihr Wissen als ausgebildete Schneiderin. Die US-amerikanische Chemikerin Stephanie Kwolek entwickelte das Material Kevlar, das viel härter als Stahl und zugleich viel leichter ist. Es ist Bestandteil kugelsicherer Westen.

Am besten denkt es sich kreativ, wenn man eine gewisse Ahnung hat. Das gilt für diese genialen Erfinderinnen ebenso wie für dich. Mach also eine kleine Bestandsaufnahme des Wissens, das du schon zu deinem Thema hast. Und falls du noch nicht viel dazu weißt, informiere dich.

Du musst dich nicht unbedingt viele Jahre lang mit dem Thema beschäftigen, aber einfinden solltest du dich schon. Denke daran, dass deine kreative Idee eine völlig neue Verknüpfung von Wissensbausteinen sein wird – gib deinem Gehirn Futter, damit es im Anschluss gut puzzeln kann. Shabnam Zanjani, Expertin für Aufschieberitis und Entscheidungen von der Loyola University Chicago, zeigte in ihren Experimenten mit Studierenden, dass neue, kreative Ideen und Lösungen am besten entstehen, wenn man sich in ein Thema vertieft und im Anschluss bewusst für eine gewisse Zeit Abstand davon nimmt. »Der Geist wird frei und erlaubt es anderen Lösungen, an die Oberfläche zu kommen«, erklärt Zanjani.[24] Die Studierenden, die versuchten, ihr Wissen auf direktem Wege in neue Lösungen zu übersetzen, scheiterten dagegen häufiger. Vielleicht dauert deine Recherche nur ein paar Stunden. Vielleicht brauchst du auch ein paar Tage. Das hängt vom Problem ab.

Wenn du dann das Gefühl hast, du hast einiges rund um dein Thema in Erfahrung gebracht, höre für eine Weile bewusst auf, weiter darüber nachzudenken. Um unseren Unbewussten den Raum für seinen kreativen Job zu geben, müssen wir es ein wenig in Ruhe lassen. Kreative Ideen fühlen sich sozusagen vom Anstarren gestört.

Was hast du über dein Problem herausgefunden? Welche Recherchequelle war besonders ergiebig? Welche Informationen besonders interessant? Notiere ein paar Eckpunkte.

_____

_____

_____

_____

_____

Schritt 3: Einfach mal lockerlassen (Inkubationszeit)

Lass nun also absichtlich locker, statt dich weiter in das Problem zu verbeißen. Das ist nicht so leicht. Denn unser Verstand wird uns eher antreiben, noch intensiver über eine Lösung nachzudenken. Doch so kommen wir nicht auf neue Ideen, sondern fixieren uns in Grübeleien, wälzen immer wieder die gleichen Ideen.

Lockerlassen gelingt am besten, wenn du etwas ganz anderes tust. Am besten beschäftigst du dich mit Tätigkeiten, die deinen Geist nicht sehr fordern und das Umherschweifen der Gedanken anregen. Gehe spazieren, räume den Schreibtisch auf, werkle im Garten, mach den Haushalt oder spiele Tischtennis. In dieser aktiven, aber entspannten Atmosphäre kommt unser kreativer Geist zum Zuge, zeigte der Psychologe Benjamin Baird von der University of Wisconsin-Madison in seinen Studien.[25] »Die Beschäftigung mit einer anspruchslosen Aufgabe während der Inkubationszeit, die das Umherschweifen der Gedanken erlaubt, kann die Leistung bei zuvor gestellten Problemen erheblich verbessern.« Sich mit einer anderen intensiven Denkarbeit abzulenken funktioniert dagegen nicht so gut, und auch totale Ruhe hilft unserem Gehirn nicht auf kreative Sprünge.

Nur die entspannten Tätigkeiten führen unser Hirn auf die richtige Spur. Wir lassen die Gedanken schweifen, wir assoziieren und tagträumen. Unser Hirn schaltet vom lösungsorientierten konvergenten Denken auf das assoziative divergente Denken. »Divergentes Denken gelingt uns, wenn das logische Denken im Frontallappen und damit die Kontrollinstanz des Gehirns etwas runterfährt«, erklärt Lernforscherin Michaela Brohm-Badry von der Universität Trier. In diesem schöpferischen Arbeitsmodus kombiniert unser Gehirn unser Wissen in ganz neuer Weise, statt die üblichen Lösungswege anzuwenden – und oftmals entstehen so Ideen, auf die wir mit unserem analytischen Verstand nicht gekommen wären. Das Hirn im kreativen Modus zeigt sogar andere Hirnwellen, so Untersuchungen: Wenn wir kreativ denken, sehen Forscher in Hirnstrom-Messungen besonders viele langwelligen Alpha-Wellen. Diese Hirnwellen zeigen an, dass unser Gehirn wach und zugleich entspannt ist. Außerdem hemmen die Alpha-Wellen gewohnte Denkpfade und geben neue Gedanken frei, zeigte die Neurowissenschaftlerin Christine Blume am Schlaflabor der Uni Salzburg in Experimenten.[26] Interessanterweise werden die Alpha-Wellen wohl von Tätigkeiten getriggert, die unseren Verstand nicht sehr fordern, uns aber beschäftigen. Letztlich arbeitet dein Gehirn also besonders hart an kreativen Ideen, während du beim Spazierengehen entspannt den Himmel betrachtest.

Das kreative Lockerlassen ist in unserer Leistungsgesellschaft für viele allerdings eine echte Herausforderung. Wir sind es gewohnt, unseren Verstand auf Vollpower zu schalten und unser assoziatives Denken eher zurückzudrängen. Lösungen sollen möglichst schnell auf den Tisch kommen – und bitte keine Experimente! »Er ist ein Tagträumer« ist in der Schule oder im Beruf kein Lob. Versuch es trotzdem. Lass dein Problem für ein paar

Stunden oder einen Tag links liegen. Dein Unbewusstes weiß um dein Problem und arbeitet jetzt für dich.

Welche Tätigkeit bringt deinen Geist am besten in kreative Stimmung? Was hat diesmal am besten funktioniert?

_____

_____

_____

_____

Schritt 4: Lass deine Ideen sprudeln

Es kann gut sein, dass dir am nächsten Tag in einem entspannten Moment schon gute, neue Lösungsideen einfallen: Wenn du gerade Frühstück machst oder bei der Post in der Schlange stehst. Du kannst aber auch die kreativen Ideen bewusst abrufen. Dabei helfen dir kreative Techniken. Zum Beispiel, indem du dir vorstellst, du würdest einer Freundin oder einem Freund mit dem gleichen Problem einen Rat geben. Oder du versetzt deine Frage im Geiste in ein völlig anderes Setting: »Wie würde eine Hippiefamilie das Problem lösen? Oder ein König?« Notiere alle Ideen, ohne sie zu bewerten. Lass sie einfach zu. Qualität ist im kreativen Prozess gleichzusetzen mit der Quantität, sagen Kreativitätsexperten. Denn unser kreativer Geist funktioniert wie ein unbedarfter Puzzler, der erst einmal alle Teile nebeneinanderpackt und zu verbinden versucht. Da entsteht natürlich viel Unbrauchbares. Doch genau in dieser Vielfalt verstecken sich die wirklich guten Hinweise. Im nächsten Schritt kannst du schauen, welche Ideen vielversprechend sind.

Schreibe alle Ideen auf, die dir in den Sinn kommen. Ohne Vorbehalte – voreilige Selbstzensur verscheucht kreative Inspiration.

_____

_____

_____

_____

_____

Interessanterweise sprudeln die kreativen Ideen am besten, wenn wir sie nach der entspannten Phase ein bisschen drängeln. Der griechische Psychologe Leonidas Zampetakis von der Technical University of Crete fand in seinen Untersuchungen heraus, dass Studierende, die nach einer Lernphase bewusst ein bisschen Aufschieberitis pflegten, am Ende die besten Ergebnisse hatten. »Die individuelle Kreativität der Probanden stand signifikant in Zusammenhang mit Gewohnheiten des Zeitmanagements und dem aktiven Umgang mit ihrer Zeit«, schreibt Zampetakis in seiner Studie.[27] Die erfolgreichen Studierenden gaben ihrem Hirn nach einer Lerneinheit sozusagen erst einmal frei, und dann half ihnen ein gewisser Druck im Nacken, möglichst viele Ideen vom Unbewussten ins Bewusstsein zu holen. Weniger kreativ waren dagegen die Ergebnisse der Studierenden, die von sich selbst sagten, dass sie die besten Ideen im Chaos und ohne Tagesstruktur entwickeln.

Schritt 5: Wähle die besten Ideen aus
Sortiere deine Ideen. Welche sagen dir spontan zu? Welche findest du davon ausbaufähig? Wenn es sehr viele sind, lohnt es

sich, ähnliche zusammenzufassen. Neue Ideen haben in diesem Schritt nichts mehr zu suchen. Im Gegenteil. Wer immer weiter neue Ideen produziert, sabotiert den Prozess. Sieh dir deine Ausbeute an. Besser als die Ergebnisse der Grübelei, oder? Jetzt darf auch dein Meckergeist ein bisschen loslegen. Kleiner Tipp: Schau dir die Ideen an und analysiere sie auf Machbarkeit und Nutzen. Lass also vor allem sachliche Kritik zu, allerdings keine wie »Das macht man aber nicht« oder »Was sollten die anderen denken, wenn ich das tue?«.

Und mach dir auch klar: Perfekt ist keine Idee zu diesem Zeitpunkt. Es sind alles eher Rohdiamanten, die geschliffen werden müssen. Nimm die Idee, die du zumindest im Ansatz interessant findest, und entwickele sie weiter.

Notiere deine Favoriten:

_____

_____

_____

_____

_____

Schritt 6: Leg los und verfeinere

Verfeinere die ausgewählten Ideen bis zu einer gewissen Reife (immer noch nicht perfekt!). Jetzt probiere sie flott in der Praxis aus. Nur so bekommst du Rückmeldung, ob sie funktionieren können. Gib nicht zu schnell auf. Es ist normal, dass nun auffällt, was noch nicht so gut funktioniert. Diese »Fehler« oder Unperfektheiten sind aber ein guter Wegweiser für den Feinschliff. Oder, wie eine meiner Freundinnen sagt: »Done is better than perfect.«

Entlang am kritischen Feedback kannst du eine Idee wunderbar weiterentwickeln. Und nicht vergessen: Wenn du dich für eine Idee entschieden hast, musst du dranbleiben. Nicht alle werden mit deiner kreativen Lösung einverstanden sein. Um die kreative Idee zum Laufen zu bringen, bedarf es etwas Durchhaltevermögen.

Mach dir zu ein oder zwei ausgewählten Ideen weitere Notizen:

Idee 1: _____

_____

Idee 2: _____

_____

Welcher Schritt ist deine Stärke?

Verschiedene Menschen haben ihre Stärken in verschiedenen Phasen des kreativen Prozesses. Wo liegen deine? Im Ideenfinden oder eher beim kritischen Aussortieren? Für Teams und Familien kann es interessant sein zu wissen, wer in welchem Schritt von kreativen Prozessen stark ist. Denn dann können die Talente nacheinander zum Zuge kommen.

Häufig machen wir die Erfahrung, dass alle auf einmal aktiv werden. Das bedeutet jedoch, dass entweder das Problem gar nicht präzise formuliert wird und alle loslegen mit Ideen, die man jedoch aufgrund von fehlenden Kriterien am Ende nicht bewerten oder auswählen kann. Oder dass jede kreative Idee sofort mit kritischen Bemerkungen kaputtgeredet wird. Oder dass der Prozess nie zur Reife des Praxistests kommt, weil ständig neue Ideen angedacht werden. Viel besser funktioniert es, wenn du dich mit den anderen abstimmst und ihr herausfindet: Wer kann ein Problem supergut formulieren und analysieren? Wer sprudelt immer nur so über mit Ideen? Wer hat die Geduld und den Biss, eine Idee immer weiter zu verfeinern? Und gibt es vielleicht auch jemanden, der das Kommunikationstalent oder eine gewisse Macht hat, falls ihr die Idee anderen Menschen schmackhaft machen wollt?

WIE KREATIV BIN ICH?

Falls du wissen möchtest, wie nah dir das kreative Denken ist, kannst du einen einfachen Test machen (Psycholog*innen wenden ihn gern an). Denke dir einfach fünf Minuten lang möglichst viele und möglichst unterschiedliche Verwendungsmöglichkeiten für eine Tageszeitung aus. Schreibe alle auf :

_____

_____

_____

_____

Wenn dir leicht viele Möglichkeiten aus ganz verschiedenen Feldern des Alltags einfallen, fällt dir das kreative Denken offensichtlich leicht. Sind es weniger, profitierst du vielleicht sehr von den Übungen, die ich für dich im Anschluss an dieses Kapitel zusammengestellt habe. Natürlich gibt es Menschen, die eine ganz besonders ausgeprägte Ader für assoziative Ideen haben. Aber jeder und jede kann darin mit ein bisschen Übung besser werden.

Die meisten kreativen Ideen sind letztlich eine ungewöhnliche Kombination von bereits erprobten oder bekannten Dingen – und werden durch diese neue Zusammensetzung zu etwas ganz Neuem. Genau deshalb liegt unser größtes kreatives Potenzial auch in den Bereichen, in denen wir uns auskennen. Und genau deshalb müssen wir keine super Kreativitätsgenies sein, um gute, neue Lösungen für unsere Probleme zu finden.

Die Erfindung von Müsli-, Windel- oder Lebensmittel-Lieferdiensten ist eine kreative Weiterentwicklung des Pizza-Service. Auch das Smartphone kombiniert die schon vorher bekannten Produkte Computer und Telefon. Wenn man ein wenig nachdenkt, lassen sich in fast jeder kreativen Idee recht leicht die ursprünglichen Bausteine finden. Und du musst zugeben: Diese Ideen sind kreativ, aber nicht unfassbar ungewöhnlich. Eher fast logisch. Das kleine bisschen um die Ecke gedacht. Genau das kannst du auch. Du musst dich nur darauf einlassen, häufiger deinem kreativen Geist den Vortritt zu lassen.

Stärke deinen kreativen Rhythmus

» **Kreatives Denken ist Übungssache.**
Wenn du ein bisschen trainierst, wird es dir leichter fallen zu erkennen, wann du genug Infos gesammelt hast und dir eine kreative Pause gönnen solltest. Du wirst auch schneller erkennen, welche deiner Ideen Potenzial haben. So kannst du das Gefühl für deinen kreativen Rhythmus verfeinern.

» **Lass los, sobald du dich in ein Thema verbeißt**
Wenn wir uns in ein Problem festgebissen haben, zeigt sich das oft in Ungeduld, Grübelei oder schlechter Laune. Lerne deine Anzeichen kennen – und lass bei der nächsten Blockade sofort bewusst los. Auch wenn es dir schwerfällt. Schon

aufzustehen und einmal aus dem Raum zu gehen kann die Hirnverdrehung lösen. Unser Gehirn hängt Gedanken an Räume. Sobald du deinen Platz verlässt, lässt das verbissene Gehirn locker. Wenn du etwas mehr Zeit hast, geh raus. Schaue dir Kunst oder die Natur an. Mach den Haushalt.

Vorbeugend hilft: Mach spätestens alle 90 Minuten eine Verschnaufpause vom Lesen oder von Denkarbeiten. Teile deine Aufgabe in kurze Zeiteinheiten von 30 bis 45 Minuten ein. Arbeite in der Zeit mit klarem Fokus und sorge dafür, dass du nicht gestört wirst. Mach danach eine Pause – da dürfen dann auch Störungen kommen. Arbeite in Runden. Erstelle zum Beispiel erst einen ganz groben Entwurf für einen Text oder ein Konzept. Mach dann eine kreative Pause. Fülle in einer zweiten Arbeitsphase die Lücken – oder recherchiere fehlendes Wissen. Mach dann wieder eine kreative Pause. Stell das Konzept fertig ...

» **Rituale und Kreativität sind ein gutes Paar**
Auch wenn es bei der Kreativität um ungewöhnliche Gedanken geht, kann es sehr hilfreich sein, sich gute Routinen für das kreative Schaffen zu suchen. Viele Schriftsteller*innen haben beispielsweise feste Schreibzeiten. Dann setzen sie sich hin und fangen an. Und die Ideen kommen fast wie von selbst. Es scheint so, dass auch das kreative Denken leichter anspringt, wenn wir es uns zur Gewohnheit machen. Die Sängerin und Dichterin Judith Holofernes hat beispielsweise entdeckt, dass sie am besten vormittags an kreativen Projekten arbeiten kann – und am effektivsten in einem Wechsel von 30 Minuten Schreiben und zehn Minuten etwas anderes tun. Auf ihrem Schreibtisch liegt ein Stapel Karteikarten mit Ideen für die zehn Minuten Ablenkung – z.B. Wäsche aufhängen, Rückengymnastik oder Tanzen. So hat sie immer eine Idee für ihre zehn Minuten »Inkubationszeit«.

» **Deine Stimmung zeigt dir deine kreativste Zeit**
Aus der Chronobiologie weiß man, dass die Kreativität am
höchsten ist, wenn die wachste Zeit des Tages mit guter Stimmung zusammenfällt.[28] Morgenmenschen erleben dies häufig
am frühen Vormittag, Abendmenschen etwas später. Das
Kreativitätssignal »gute Stimmung« ist allerdings beim Morgenmenschen ausgeprägter als beim Abendmenschen. Es
kann auch lohnen, sich mit einem guten Lied oder einem
schönen Gedanken in positive, entspannte Stimmung zu ver-
setzen, bevor wir an die kreative Denkarbeit gehen. Wenn wir
eher negativ gestimmt sind, tendieren wir zum analytischen
Denken. Kreative Ideen haben wir viel eher, wenn wir mit
positiven Gefühlen an eine Aufgabe rangehen. Man kann sogar messen, dass wir in positiver Stimmung mehr wahrnehmen und unser Geist offener und neugieriger ist.

» **Unkreative Zeiten gehören genauso zum Prozess**
Schätze die Zeiten wert, in denen dein Hirn keine genialen
Ideen ausspuckt. Es sortiert sich vermutlich gerade selbst.
Nutze diese Zeiten für Routinearbeiten und zum Aufräumen,
Abheften, Sortieren.

» **Bewegung hilft dem Hirn beim Denken**
Die meisten Menschen kommen in Bewegung in einen besse-
ren Flow. Unterbrich Zeiten der Kopfarbeit mit einem kleinen
Spaziergang.

» **Schlaf lässt Lösungen gedeihen**
Nachts arbeitet unser Gehirn besonders assoziativ. Gedächt-
nisinhalte werden abgelegt und neu verknüpft. »Ich schlafe
mal drüber« ist deshalb immer gut, wenn du viele Informationen aufgenommen hast. Das Gehirn macht dann den Job
der Ideenfindung fast von selbst.

» **Du hast Ideen, aber dann sind sie plötzlich weg?**
Kreative Ideen sind sehr flüchtig! Gewöhne dir an, ein kleines Notizbuch dabeizuhaben, oder tippe eine Notiz in dein Handy. Diese Gedanken sind eine super Fundgrube für weniger kreative Zeiten. Künstler*innen beobachten auch oft, dass eine Idee viele weitere nach sich zieht. Es fühlt sich dann so an, als sei die Kreativität in jede Richtung entfesselt. Ständig hat man neue Einfälle. Kennst du das auch? Nutze so einen Flash und notiere alles.

» **Dein Chef hält nicht viel von kreativen Gedanken?**
Da die meisten Menschen immer noch das Vorurteil haben, dass kreative Ideen irgendwie künstlerisch und damit ungewöhnlich oder sogar chaotisch sind, musst du deinen Chef oder deine Chefin vermutlich aufklären. Nenne es vielleicht nicht kreativ – das Wort ist in vielen Köpfen vorbelastet –, sondern sprich von innovativen Lösungen. Vielleicht kannst du die sechs Schritte (siehe Seite 117) sogar mal in einer Teamrunde vorstellen – vielen geht dann ein Licht auf, dass Kreativität eine tolle Möglichkeit ist, in festgefahrenen Situationen neue Lösungen zu finden.

» **Immer neue Einfälle können nerven …**
Manche Menschen kommen ständig mit neuen Vorschlägen daher. Sogar, wenn man sich längst für eine Alternative entschieden hat. Das kann auch nerven. Vielleicht hilft es, wenn ihr klarer absprecht, wann neue Ideen gefragt sind und wann andere Phasen im kreativen Prozess dran sind.

Tipps und Übungen

In unserer sachorientierten Welt geht das kreative Denken oftmals unter. Doch du kannst es pflegen, indem du dich mit inspirierenden Dingen beschäftigst. Handwerken oder Handarbeiten, selbst Musik machen oder malen. Auch ein Konzert- oder Museumsbesuch oder sogar ein absichtsloser Spaziergang durch deine Stadt, in der du versuchst, alles mit einem ganz frischen, unverstellten Blick zu sehen, halten deine Kreativität in Schwung. Viele Kreative hören auch sehr gern Podcasts von anderen Kreativen, die darüber erzählen, wie sie ein buntes Leben führen. Es gibt außerdem einen Haufen Tricks und Tipps, wie du dein kreatives Denken ankurbeln kannst. Viele Übungen machen großen Spaß. Probiere sie aus!

» **Inspiration ist überall**
Kreative Ideen entstehen häufig durch die Verknüpfung von Assoziationen aus verschiedenen Feldern. Wer seine Frage in den Alltag mitnimmt, findet an unerwarteten Orten Lösungsideen. Umgang mit der E-Mail-Flut? Auch ein Busfahrer muss am Tag viele nicht vorausberechenbare Kontakte managen. Wie macht er das? Auch Naturphänomene sind häufig inspirierend. Das wohl bekannteste Beispiel ist der Chemiker August Kekulé, der darüber nachdachte, wie die Kohlenstoffatome in einer bestimmten Verbindung angeordnet sein könnten. In einer Art Wachtraum sah er tanzende Objekte, die sich wie eine Schlange wanden, die sich letztlich selbst am Schwanz packte – die Inspiration für die Beschreibung des Benzolrings. Aus der Wissenschaft gibt es haufenweise ähnliche Geschichten.

» **Schau gnadenlos ab**
Alle Kreativen schauen sich viel bei anderen Kreativen ab.
Das heißt nicht, dass du ein Plagiat herstellst. Gern darfst du
später auch auf die Inspirationsquelle hinweisen. Aber meist
wird es so sein, dass dein Gehirn alles so viel weiterdenkt und
mit deinen eigenen Erfahrungen neu verknüpft, dass eine
ganz eigene Idee entsteht. Schau also genau hin, wie es andere, die im Kern ein ähnliches Problem hatten, schon gelöst
haben. Suche dabei nicht zu nah bei dir, blicke in andere Bereiche! Kreative lösten zum Beispiel das Problem, Medika-
mente in die entlegensten Winkel der Erde zu bringen, indem
sie **überprüften,** welche Produkte da problemlos ankamen.
Erfrischungsgetränke! Die Lösung: Man packte die Medika-
mente mit in die Limokisten.

» **Ratschlag aus Entenhausen**
Du stehst vor einem Problem und hast keine Idee für eine
Lösung? Stell dir eine berühmte Person vor. Es kann auch
eine Comic- oder Romanfigur sein. Wie würde sie mit dem
Problem umgehen? Häufig fällt einem auf diese Weise ein
wirklich guter, ungewöhnlicher Rat ein.
Auch gut: In welche Richtung ginge meine Lösung, wenn das
Problem ein Auto wäre? Wäre die Lösung ein Luxusauto?
Eine Familienkutsche? Ein Switch in andere Lebensbereiche,
wie Touristik, Kultur etc., bringt oft kreative Ideen nach vorn.
Oder transferiere dein Problem spaßeshalber in die Tierwelt.
Wie würde es ein Löwe lösen?

» **Biegen, brechen, dehnen**
Meist braucht es keine gänzlich neue Idee, um ein Problem
auf neue Art zu lösen. Vielmehr geht es um die geschickte
Kombination oder Verfremdung von Altbewährtem zu etwas
Neuem. Künstler*innen nutzen beispielsweise die Cut-up-

oder Black-out-Technik: Sie schneiden aus Tagebüchern oder Zeitungstexten Worte oder Satzteile aus und setzen sie so zusammen, dass völlig neue Gedichte oder Liedtexte entstehen. Oder sie schwärzen den Text bis auf einige Worte, die sich wie ein Gedicht lesen. Übertrage diese Technik auf deine Frage. Viele Künstler verfremden Alltagsgegenstände, sodass sie eine völlig neue Bedeutung bekommen. Schriftsteller verfremden Menschen in ihrem Umfeld zu Romanfiguren. Schaue dir die Dinge um dich herum an: Aus welcher Ursprungsidee wurden sie kreativ weiterentwickelt?

» **Ein Notizbuch für deine Ideen**
Kreative Einfälle sind sehr flüchtig. Am besten, du hast immer ein kleines Notizbuch dabei, oder richte einen Notizzettel in deinem Smartphone dafür sein. Notiere deine Gedanken, Assoziationen und Ideen, sobald sie auftauchen.

 Kreativität: Deine Inspirations-Collage

Bastle dir eine kreative Pinnwand. Suche in Zeitschriften oder auch in deinen eigenen Bildern nach Fotos, die dich inspirieren und deine kreative Seite bildlich darstellen. Was weckt deine Fantasie, deinen spielerischen Geist? Welche Farben, Gegenstände, Menschen, Landschaften sind dir Inspiration? Welche Worte lassen dich lächeln? Schneide Buchstaben oder Wörter aus und kombiniere sie mit Bildern. Bastle dir eine Collage aus deinen Lieblingsmotiven. Du kannst diese Collage aufhängen. Oder du machst ein Foto davon und hast dieses Inspirationsboard in deinem Smartphone immer bei dir.

6. KAPITEL

AUCH KRISEN HABEN IHREN RHYTHMUS

*Nichts in der Geschichte des Lebens ist beständiger
als der Wandel.*

Charles Darwin, Naturforscher

> *Oft heißt es, Krisen förderten unsere persönliche Entwicklung. Aber wie funktioniert das genau? Erfahre, was »Wachsen an Krisen« bedeutet – und wie du die Phasen einer Krise meisterst.*

Vor ein paar Monaten traf ich meine Nachbarin im Treppenhaus. Ich sah ihr sofort an, dass irgendwas los war. Wir sprechen nicht so viel miteinander, aber wenn man seit zehn Jahren Tür an Tür lebt, bekommt man einiges aus dem Leben des anderen mit. Ich weiß, dass sie alleinerziehend ist, ein kleines Reisebüro führt und selbst gerne reist. Und ich weiß, sie kann ganz schön viel wuppen.

Im Treppenhaus neulich wirkte sie so gar nicht kraftvoll. Sie erzählte mir, dass gerade ihr ganzes Leben zusammenkrache. Das Reisebüro gehe pleite, Corona-bedingt. Die ersehnte Fernreise – abgesagt. Keine Freizeitkurse fürs Kind ... Doch obwohl ihr Leben sozusagen zum Stillstand gekommen sei, hätte sie keine ruhige Minute. Gespräche mit der Bank. Das Büro ausräumen. Das Kind betreuen. Kurz: Sie sei am Ende!

Vier Wochen später trafen wir uns wieder auf der Treppe. Und meine Nachbarin wirkte wie ausgewechselt. Sie trug mir das Paket nach oben, das ich jetzt vor lauter Stress schon seit drei Tagen nicht bei ihr abgeholt hatte. Ich fragte, wie es ihr gehe. Sie legte mit Begeisterung los: Sie würde umziehen, in ein Bauprojekt. In eine kleinere Stadt. In eine kleinere Wohnung. Ein Teilzeitjob sei auch schon in Aussicht. Sie sei glücklich mit dem privaten und beruflichen Neustart. Rückblickend sagt sie: Die Krise sei ein Geschenk. Denn der neue, handlichere Lebensstil passe viel besser zu ihr. Die Krise habe ihr zwar unsanft, aber doch glücklicherweise die Augen geöffnet.

Gönn der Krise einen zweiten Blick

In der Tat ist es ein Phänomen: In den allermeisten Fällen machen wir aus Krisenzeiten auf lange Sicht das Beste. Wir überstehen die harten Zeiten nicht nur, wir wachsen daran. Auf den zweiten Blick entpuppen sich Krisenzeiten deshalb nicht selten als wertvolle Weichenstellungen im Leben.

Das heißt nicht, dass du die Krise rückwirkend kleinredest oder so tust, als wäre alles nicht so schlimm gewesen. Denn das stimmt ja nicht. Es geht mehr darum zu sehen, dass wir Menschen es zwar nicht mögen, wenn es im Leben anders läuft als erwartet, dass wir aber zugleich eine gut gerüstete Psyche und die innere Kraft haben, Erschütterungen, Niederlagen und Nöte ziemlich gut zu verarbeiten. Die meisten Krisen machen uns deshalb nicht kaputt, sondern verhelfen uns – wenn auch recht unsanft – zu persönlicher Entwicklung.

GESTÄRKT AUS DEM TIEF

Sicher hast auch du schon viele Situationen in deinem Leben gemeistert: persönliche Krisen, Krisen im Arbeitsleben, in der Partnerschaft, mit Familie oder Freunden. Erinnere dich an zwei oder drei schwierige Zeiten und frage dich: Was ist Gutes daraus erwachsen? Vermutlich wird jede Krise auch wichtige Lernschritte oder Veränderungen ausgelöst haben, von denen du heute profitierst. Wir Menschen sind echte Krisenkünstler! Auch wenn uns das oft nicht bewusst ist.

Meine Krise(n):

_____

_____

_____

Diese positive Entwicklung in meinem Leben wäre ohne die Krise nicht in Schwung gekommen:

_____

_____

_____

Wenn wir an einem Tiefpunkt stehen, so wie damals meine Nachbarin im Treppenhaus, fühlt es sich allerdings überhaupt nicht so an, als ginge es wieder bergauf. Der Tunnel scheint pechschwarz. Kein Licht in Sicht. Seltsamerweise sehen wir jedoch rückblickend meist ziemlich klar die einzelnen Schritte, die wir gegangen sind, um wieder aus der Not zu kommen. Meist wirken diese Schritte rückblickend sogar total organisch und logisch. Mit etwas Abstand können wir sagen: Keine Krise ist unendlich. Und sehr, sehr oft wird am Ende alles gut.

Die Aufs und Abs von schweren Zeiten

Warum wirkt in Krisenzeiten oft alles so hoffnungslos, und rückblickend war es doch zu schaffen. Nicht selten sehen wir später sogar einen Sinn in der Erschütterung unseres Lebens. Die Antwort ist: Jede Krise hat ihren recht festen Rhythmus. Wenn wir diesen kennen, können wir harte Zeiten in unserem Leben gelassener sehen. Denn dann wissen wir um die nächste Etappe auf dem Krisenweg und können uns sicher sein, dass sich irgendwann auch wieder das Licht am Ende des Tunnels zeigt.

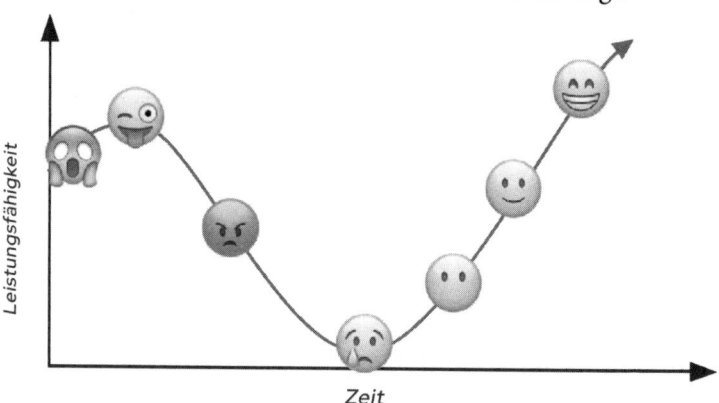

Zu Beginn einer Krise versuchen wir, die Veränderung zu ignorieren. Doch wenn die Probleme da sind, packen wir oft beherzt zu – und fühlen uns sogar gut. Darauf folgt ein Tief. Denn wir merken, dass die schweren Zeiten länger dauern als erhofft, manches nicht sofort wieder gut wird. Erst nach diesem Tief geht es langsam wirklich bergauf. Wir haben die Krise überwunden und in den meisten Fällen sogar etwas aus ihr gelernt.

Mit jeder Krise können wir uns ein bisschen mehr darauf verlassen, dass wir Ideen entwickeln werden, die uns aus den schweren Zeiten herausführen. Wir brauchen zwar immer noch eine gehörige Portion Leidensfähigkeit, Geduld und Kreativität, um solche Extremsituationen zu meistern, aber wir müssen nicht mehr in absolute Verzweiflung verfallen. Das macht uns frei und mutiger, und unser Leben wird leichter.

Hörst du die Krise kommen?

Die meisten Krisen beginnen schon lange, bevor wir sie so nennen. Warum? Wir Menschen haben schlicht die Gabe zu verdrängen. Wir ignorieren, wenn sich leise abzeichnet, dass es nicht so weitergeht wie bisher. Es fällt uns schwer, unsere Routinen und Pläne infrage zu stellen, auch wenn es anfängt zu knirschen. Erst mal machen wir weiter wie immer und hoffen insgeheim, dass die kleine Irritation vorübergeht, dass das Unwohlsein sich wieder verzieht.

Dabei ist es gleich, ob es um große gesellschaftliche Krisen wie den Finanzcrash geht, um die Corona-Pandemie oder das Scheitern einer Beziehung, einen erzwungenen Jobwechsel oder ein Burn-out. Rückblickend können wir die Vorboten der Krise, die Ruhe vor dem Sturm, erkennen. Manchmal gab es schon Jahre zuvor erste Anzeichen. Damals konnten wir diese Signale nicht einordnen, vielleicht wollten wir sie auch gar nicht sehen.

ZEICHEN DER DROHENDEN KRISE

In welchen Bereichen in deinem Leben beschleicht dich derzeit öfter ein flaues Gefühl? (Diese Notizen könnten sehr interessant werden, wenn du sie in ein paar Jahren noch mal anschaust und siehst, wo sich ein größerer Umbruch bereits abzeichnete.)

_____

_____

_____

_____

_____

_____

Irgendwann spüren wir dann das Lüftchen. Wir merken, dass etwas nicht stimmt. Im Job erhalten Kolleg*innen in den Nachbarabteilungen Abfindungsangebote, oder das letzte intensive Gespräch mit dem Partner oder der Freundin liegt lange zurück. Langsam dringt in unser Bewusstsein, dass auf uns etwas zukommt, was uns nicht gefallen wird. Unsicherheit macht sich breit und Abwehr. Keine Zeit, keine Kraft. Wir stemmen uns in der Regel mit Händen und Füßen gegen die Einsicht, dass eine Krisenwelle auf uns zurollt. Wir reden uns selbst ein: »Das wird wieder!« Oder wir schauen absichtlich weg.

Als die Corona-Krise ihren Anfang nahm, blickten alle mit kritischem Blick auf China – und wiegten sich selbst dabei in Sicherheit. Was da im fernen Asien passiert, hat ja mit uns nichts zu tun. Als die Pandemie dann in Italien wütete, dachten wir: »Das marode Gesundheitssystem dort, wie schrecklich. Die

Armen!« Sogar als Corona sich beim Après-Ski in Österreich und unter den Karnevalsprinzen in NRW rasant verbreitete, dachten viele immer noch, dass man nur die Schuldigen ausfindig machen müsse, um sich das Virus vom Halse zu halten.

WO HAKT'S?

Gibt es gerade Bereiche in deinem Leben, in denen du mit aller Kraft versuchst, den Status quo zu halten, obwohl es schon ordentlich knirscht im Gebälk?

_____

_____

_____

_____

_____

Am Anfang normal – Schuldige suchen

Wenn wir nicht mehr leugnen können, dass etwas zu Ende oder richtig in die Grütze geht, reagieren wir mit einem großen Schrecken. Wie konnte das nur passieren? Unsere Stimmung rutscht auf einen Tiefpunkt.

Bei vielen ist diese Schockphase jedoch recht kurz. Danach kommen die meisten Menschen in ein geschäftiges Tun. Wir nehmen jede Information auf, die helfen könnte. Wir fangen an zu grübeln in der Hoffnung, so eine schnelle Lösung für das Problem zu finden. Manche verfallen in totalen Aktionismus und versuchen die Trümmer, die umherfliegen, noch im freien Fall aufzufangen. Andere greifen nach jedem Strohhalm der Rettung, der ihnen gereicht wird. Sie sind empfänglich für Produkte oder Programme, die schnelle Hilfe versprechen.

Meine Nachbarin hielt in dieser Phase alle ihre Eisen ins Feuer: Sie verhandelte mit der Bank, recherchierte alternative Berufe, löste ihr Büro auf ... Sie entwickelte schier übermenschliche Kräfte und viele Ideen.

In der Corona-Pandemie war diese erste Hochphase der Krise die Zeit, in der Menschen anfingen, das Internet von Masken leer zu kaufen. In der sie Unsummen für Desinfektionsmittel bezahlten und Klopapier horteten. Manche buchten einen günstigen Trip nach Venedig. Endlich würden sie die Stadt mal ohne Touristen erleben. Andere entwickelten neue Corona-Geschäftsideen. Manche hingen stundenlang vor TV- oder Handy-Nachrichten. Andere nähten Masken für die Community und klatschten auf den Balkonen, um sich bei den Pflegekräften zu bedanken.

Diese Phase der Aktion ist seltsamerweise die Zeit während einer Krise, in der wir uns oftmals am besten fühlen. Von außen betrachtet klingt das absurd, denn zu diesem Zeitpunkt ist nichts gelöst. Im Gegenteil: Die Krise rollt weiter unaufhaltsam auf uns zu. Das Ausmaß des Schadens ist noch nicht absehbar.

Aber das Gefühl, aktiv zu sein und etwas tun zu können, ist für uns angenehmer als das sorgenvolle Abwarten oder Verdrängen vor der Krise. Krisenforscher sprechen sogar von einer »Honeymoon«-Phase. Denn in dieser Zeit sind wir nicht nur extrem wach und aktiv, sondern wir fühlen uns häufig auch sehr verbunden mit anderen Menschen. Wir trauen uns, um Hilfe zu bitten, oder wir tauschen uns mit anderen aus, die Ähnliches erleben. Freundschaften können wachsen, Nachbarschaften fester werden.

WAS SIND DEINE STÄRKEN IN DER KRISE?

Handeln? Helfen? Hoffnung geben? Gute Ideen entwickeln?

Wähle Achtsamkeit statt Schokolade

Jeder reagiert anders auf Krisen. Aber aus Studien weiß man, dass manche Reaktionen langfristig günstiger sind und andere eher neue Probleme schaffen. Psychologen sprechen von sogenannten Coping-Strategien oder Bewältigungsmethoden. Jeder kennt die ungünstigeren Strategien aus dem eigenen Leben: Wir trinken am Abend ein oder zwei Glas mehr Wein. Wir beschuldigen Gott und die Welt und trösten uns mit zwei Tafeln Schokolade. Wir versinken in Lethargie und Ohnmacht. Oder wir lenken uns mit Arbeit von den großen Problemen in unserem Leben ab.

Günstige Strategien helfen uns dagegen, die Krise unbeschadet zu überstehen und sogar gestärkt daraus hervorzugehen. Mediziner und Psychologen aus Hongkong und Zürich haben in einer gemeinsamen Studie untersucht, welche Coping-Strategien besonders nützlich sind, um sehr schwierige Lebenssituationen wie beispielsweise eine Krebserkrankung zu bewältigen und im besten Falle sogar an den Herausforderungen innerlich zu wachsen.[29] Sie fanden eine ganze Reihe Faktoren. Dazu gehört zum Beispiel die Gabe, große Probleme scheibchenweise und pragmatisch zu bearbeiten und sich nicht in Perfektionismus oder Kontrollwahn zu verlieren. Die Fähigkeit, in dem Geschehen einen Sinn zu sehen, ist ebenfalls eine wichtige Coping-Strategie. Wenn wir auch in schweren Zeiten nicht die Hoffnung und unseren Humor verlieren und uns zumindest vorstellen können, dass die Dinge wieder besser werden, tun wir uns leichter. Ebenso wichtig ist es, auch im größten Getöse für Ruheinseln zu sorgen, damit man nicht irgendwann atemlos zusammenbricht.

Jeder hat dabei eine kritisch pessimistische Seite, die sich als Opfer der Umstände sieht. Und eine optimistisch tatkräftige Seite, die schon so manche Hürde im Leben erfolgreich überwunden hat. Es gilt, unsere günstigen Bewältigungsmethoden zu aktivieren.

WELCHE REAKTIONEN KENNST DU VON DIR?

Welche ungünstigen Coping-Strategien (Ablenkungsma-
növer, wegducken, mehr Alkohol trinken) nutzt du? Nenne
ein paar, die typisch für dich sind. So kannst du in Zukunft
achtsamer sein und sie vermeiden:

_____

_____

_____

_____

Bestimmt hast du auch eher günstige Coping-Strategien,
die dafür sorgen, dass du Schritt für Schritt vorankommst
und nicht verzweifelst (Hilfe suchen, kleine Schritte gehen,
Humor). Nenne deine drei wichtigsten:

_____

_____

_____

_____

Außerdem brauchen wir gerade in Krisenzeiten auch Verschnaufpausen. Sonst geht uns die Puste aus. Denke an vergangene Krisen. Was hat dir geholfen, deinen Akku zwischendurch mal aufzuladen? Manchmal sind es alberne Dinge wie lustige Filme.
Manchmal stärkende Kontakte wie die Telefonate mit guten
Freund*innen. Manchmal frische Luft, Tanzen oder ins Kino gehen und für drei Stunden alles vergessen.

WAS SIND DEINE KRAFTQUELLEN IN KRISEN-ZEITEN?

Denke daran, jeder hat ganz andere Energiegeber, es ist also alles richtig und gut, wenn es dir hilft:

_____

_____

_____

_____

Zu wissen, wie wir Kraft schöpfen können, ist wichtig. Vielleicht klebst du dir deine Liste der Kraftquellen in dein Tagebuch. Für Notfälle. Denn die meisten Krisen lassen sich nicht durch beherztes Tun schnell beenden. Es gibt keine Patentlösung für Krisen. Sonst wären es lediglich Herausforderungen, die uns anstrengen, aber nicht erschüttern. Krisen sind existenziell. Sie bringen unser ganzes Leben oder zumindest unseren Lebensentwurf ins Wanken. Wir fühlen uns bedroht. Und wir finden keine einfache Lösung. Denn Krisen entstehen nur, wenn wir mit unseren bisherigen Lösungsansätzen nicht weiterkommen. Eine Krise trifft immer unsere Schwachstellen. Um sie zu meistern, müssen wir neue Kräfte und Fähigkeiten entwickeln. Die Notlage wird erst überstanden sein, wenn wir die Bedingungen verändert haben, die dazu geführt haben.

Setze einen Fuß vor den anderen

Kein Wunder, dass die nächsten Etappen, die uns im besten Falle aus der Krise rausführen, in der Regel nicht so flott gehen. Es sind komplexe Lernprozesse. Wir probieren unsere gewohnten Handlungsmuster aus – und kommen vermutlich nicht weiter.

Das macht uns wütend, verbreitet schlechte Laune oder lässt uns sogar verzweifeln. Wir rutschen in ein Tief. Dann rappeln wir uns wieder auf und probieren was Neues. Das erfordert Mut. Und oftmals dauert es eine Weile, bis wir herausfinden, welche Schritte wirklich sinnvoll sind, und wir uns trauen, uns auf ungewohnte Wege einzulassen. Häufig streiten sich zudem in Krisenzeiten Kopf und Bauch. Der Kopf will vielleicht das Gewohnte beibehalten, doch der Bauch rebelliert. Dann spüren wir, dass etwas anders werden muss. Aber wir wissen nicht genau, was.

Beispiel Burn-out: Menschen, die eine Burn-out-Krise wirklich überwinden, lernen in der Regel ganz neue Fähigkeiten, um mit Belastungen umzugehen. Sie lernen beispielsweise, kreative Lösungen zu finden, statt noch perfekter zu sein. Sie verstehen, wie wichtig es ist, eigene Bedürfnisse wahrzunehmen und Verantwortung dafür zu übernehmen, dass sie auch erfüllt werden. Sie lernen, weniger angepasst zu sein. Sie finden Möglichkeiten, ein sozialer Mensch zu sein, die sie nicht erschöpfen, aber auch nicht zum Egomanen machen. Das sagt sich leicht, ist aber sehr schwer umzusetzen. Denn Burn-out-Betroffene haben Jahrzehnte nicht auf ihre eigenen Bedürfnisse gehört oder sind es gewohnt, alles perfekt zu erledigen, jede Verantwortung allein zu tragen oder immer für alle da zu sein. Es ist also ein Abschied von vielen Gewohnheiten, die einem in Fleisch und Blut übergegangen sind, und ein Aufbruch in eine weithin unbekannte Lebensweise.

Dass solche Lernschritte nicht sehr schnell vonstattengehen, ist klar. Tief gehende Veränderungen haben es nie eilig. Wie lange dauert es, einem Kind beizubringen, dass man jeden Tag die Zähne putzt. Gefühlt ewig, oder? Genauso braucht es eine gewisse Zeit, um eine neue Art zu entwickeln, anders im Leben zu stehen. Allein den Verlust unseres alten Lebens zu betrauern dauert seine Zeit. Es ist ein Auf und Ab. Manchmal dauert es einige Wochen, bis wir uns in dem »neuen Normal« zurechtfinden. Aber oftmals brauchen wir viele Monate. Man fühlt sich nicht die ganze Zeit schlecht. Aber man spürt selbst, dass man noch nicht wieder so richtig in seinem Leben angekommen ist. Man hadert immer wieder mit den Veränderungen. Man wünscht sich sein altes Leben zurück. Bei Beziehungen kann es sein, dass man nach der großen Liebe ein paar Liebeleien eingeht. Man nimmt auch aus jeder etwas mit, aber sie halten nicht auf Dauer. Im Beruf kann es genauso sein.

Auch meine Nachbarin ist noch mitten in der Findungsphase. Es kann gut sein, dass sich ihre Pläne wieder verändern, die sich jetzt so geradlinig und logisch anhören. Manches wird sich erst im Ausprobieren als stimmig oder unpassend erweisen. In gewisser Weise befindet sie sich derzeit auf dem Abenteuertrip in ihr zukünftiges Leben. Wo dieser sie genau hinführt, wird sie vielleicht in einem Jahr sagen können – rückblickend.

STEP BY STEP

Wie lange dauerte es bei deiner letzten größeren Krise, bis du ein »neues Normal« empfunden hast? Welche Etappen von »Mein Leben fühlt sich wieder besser an« hin zu »Mir geht es wieder gut« hast du erlebt?

_____

_____

_____

_____

Falls du gerade noch das Gefühl hast, in einer Zeit der Veränderungen zu stecken, die von einer Krise ausgelöst wurde. Wo stehst du?

_____

_____

_____

Welche deiner persönlichen Fähigkeiten waren dir auf deinem Weg durch die Krisenphasen hilfreich? Deine Tatkraft? Dein Humor? Deine Geduld? Deine Zuversicht?

_____

_____

_____

Welche Hilfe von außen hat dir geholfen, aus der Krise wieder aufzutauchen? Freunde oder andere Unterstützung?

_____

_____

_____

_____

Im besten Falle merken wir irgendwann, dass es uns wieder gut geht. Dass wir wieder unbeschwert lachen können, das Leben wieder Spaß macht, sich die Dinge sortiert haben. Wir merken, dass die Krise uns etwas gelehrt hat. Über das Leben. Über uns selbst.

Versuch nicht, die Zeit zurückzudrehen

Manchmal passiert es, dass wir uns selbst nicht verzeihen können. Wir fühlen uns schuldig, weil etwas schiefgelaufen ist. Wir wollen unser altes Leben zurück.

Gibt es einen solchen Umbruch, den du nicht akzeptieren kannst? Eine Krise, die du am liebsten aus deiner Vita streichen würdest? Du merkst es daran, dass du noch Schuldgefühle deshalb hast oder Dinge, Lebensträume oder Menschen stark vermisst, die du während der Krisenzeiten verloren hast. Vielleicht kannst du dir nicht verzeihen, dass dieser Verlust in dein Leben getreten ist.

DIESE KRISE MACHT DIR IMMER NOCH ZU SCHAFFEN

Es gib Momente im Leben, die lassen einen einfach nicht los, egal, wie lange sie zurückliegen. Welche sind es bei dir?

_____

_____

_____

_____

Eine sehr kluge Ärztin erklärte mir, dass es so wichtig sei, auch die schmerzhaften Umbrüche in unserem Leben zu akzeptieren und uns selbst zu verzeihen, weil wir sonst immer weiter im Wunsch verhaftet blieben, die Zeit zurückzudrehen. Das Problem ist: Damit machen wir es uns selbst unmöglich, diese Krise zu beenden, etwas aus ihr zu lernen und wirklich auf einem neuen Level unserer Entwicklung anzukommen. Schuldgefühle und Selbstvorwürfe erhöhen den Stresspegel zusätzlich und machen es uns schwer, unser Leben zu genießen. Dies ist auch insofern tragisch, weil wir damit alles, was nach der Krise kommt, abwerten – auch die Begegnungen mit Menschen und das Leben, das wir seitdem führen. Am Ende nutzt das eigentlich niemandem. Weder dir noch deinen Freund*innen oder Mitmenschen. Vielleicht hilft dir dieser Gedanke zu akzeptieren, was geschehen ist.

Wenn wir nach Krisenzeiten mit einem neuen, gereifteren Blick auf die Welt schauen, sprechen Psychologen davon, dass ein persönliches Wachstum stattgefunden hat, dessen Auslöser die Krise war. Klingt das zynisch oder tröstlich für dich?

Es ist wohl einfach so, dass wir gern so bleiben, wie wir sind, und weitermachen wie gewohnt, bis irgendwas in unserem Leben passiert, das uns aus der Bahn wirft. Dann sind wir verletzt, erschüttert und häufig auch völlig verzweifelt. Doch es scheint eine Kraft in uns zu geben, die uns aus dem Tief wieder rausholen will. Sie hilft uns, irgendwann zu akzeptieren, was passiert ist, und unterstützt uns dabei, Ideen zu entwickeln, um einen positiven Umgang mit der Situation zu erlernen.

Und dann ist es unsere Aufgabe, an den neuen Erkenntnissen dranzubleiben. Vielleicht führst du in der nächsten Krise ein kleines Tagebuch und notierst jeden Tag ein paar Gedanken. Was hilft dir? Was ist nicht hilfreich? Diese Minireflexion unterstützt dich dabei, nicht wieder in alte Muster zurückzufallen, Denkfallen und Stolpersteine zukünftig zu umgehen. Schreibe dir sozusagen deinen persönlichen Krisenguide.

Fünf Tipps, die es dir erleichtern, dem Rhythmus einer Krise zu folgen

Ich kann wachsen

Wie sprichst du mit dir selbst, wenn du eine neue Sache lernst, zum Beispiel Gitarre spielen oder ein Computerprogramm? Sagst du eher: »Ich kann das nicht. Ich bin nicht sicher, ob ich das lernen kann.« Oder: »Ich kann das *noch* nicht. Aber klar werde ich das lernen.«

Die Sätze klingen gar nicht so verschieden, aber sie zeigen zwei völlig unterschiedliche Denkstile. Der erste Satz zeigt, dass du dir deiner Entwicklungsfähigkeit nicht sicher bist. Der andere Satz zeigt die Überzeugung, dass man letztlich in allen Dingen besser und auch gut werden kann, wenn man sich dranmacht, es zu tun. Man übt. Man beschäftigt sich damit.

Während der erste Denkstil eher feste Talente oder Eigenheiten von Menschen annimmt, liegt der Schwerpunkt der zweiten Sicht auf unserer Entwicklungsfähigkeit.

Für den Umgang mit Krisen ist die eher »feste« Sicht auf die Fähigkeiten eines Menschen nicht so günstig. Weil sie leicht dazu führt, dass wir verzweifeln, wenn wir nicht weiterkommen. Wir haben dann sofort das Gefühl, falsch zu sein oder die Situation einfach nicht in den Griff zu kriegen. Der zweite Denkstil ist offener. Wir glauben, dass man in kleinen Schritten ziemlich viel erreichen kann – ganz gleich, ob man sich mit Musik oder IT beschäftigt oder eine Krisenzeit bewältigt. Wer so denkt, geht davon aus, dass wir mit vielen Lebenssituationen zurechtkommen und das Beste daraus machen können. Frei nach dem Motto: *Man muss es nur tun, dann kommt das Können von allein.*

Tipp: *Versuche ab heute zu den Dingen, die du gern können würdest, aber nicht kannst, zu sagen: »Ich kann das noch nicht. Und ich werde es lernen.«*

Optimismus

Optimismus wird häufig belächelt als naives Positiv-Denken. Aber das ist es nicht. Optimismus meint schlicht, dass es durchaus möglich ist, dass eine Sache gut ausgeht oder sich zum Guten wendet – und man sich deshalb nicht mit der Erwartung des ungünstigen Ausgangs verrückt machen muss. Das Stärkende am Optimismus ist das positive Grundgefühl. Es dimmt Stressreaktionen, lässt einen besser schlafen und kreativer denken. Und häufig kommen genau deshalb gute Ideen in Gang, die am Ende dabei helfen, die Krise zu bewältigen. »Ein Optimist ist ein Mensch, der weiß, wie trübe die Welt sein kann«, sagte der kluge Schauspieler Peter Ustinov einst. »Ein Pessimist ist einer, der das jeden Tag von Neuem feststellt.«

> **Tipp:** *Führe ein Dankbarkeitstagebuch. Notiere jeden Abend drei Dinge, die gut waren. Das kann ganz kurz in einer Handynotiz sein oder auch in einem hübschen Büchlein. Vielleicht nimmst du sogar einen immerwährenden Kalender – und notierst diese Dinge über mehrere Jahre hinweg immer wieder. Es ist interessant und sehr gut für deine Stimmung und Zuversicht, darin zu lesen. Die stärkende Wirkung dieser Übung für unsere Psyche ist in sehr vielen Studien belegt.*

Geduld

In unserer Kultur ist eher die Ungeduld positiv besetzt. Vorstände und Manager*innen nennen bei ihren eigenen schlechten Eigenschaften häufig die Ungeduld. Aber eigentlich sagen sie damit, dass sie so sagenhaft schnell sind im Denken und Handeln, dass sie alle anderen abhängen. Geduld gilt folglich häufig als Schwäche. Was ist denn das Positive an Geduld? Man darf sie nicht mit Stillstand verwechseln. Es ist ein höchst aktiver Prozess. Es heißt, dass man es aushält, in Momenten von Verzweiflung und Unsicherheit nicht zwanghaft zu handeln. Handeln ist gut, aber eben nicht immer und nicht immer sofort als Aktionismus. In manchen Situationen ist es besser, ein wenig die geduldige Beobachter*in der Situation zu sein. Und erst dann zu handeln, wenn es wirklich Sinn macht. Die antiken Philosophen prägten den Begriff des »Kairos«, des rechten Zeitpunkts. Um den abzupassen, braucht man manchmal Geduld.

Geduld mit sich selbst ist äußerst wichtig. Denn Ungeduld kippt in Selbstvorwürfe und Grübelei. Das fühlt sich zwar aktiv an, ist aber extrem lähmend, schwächend und kräftezehrend. Nichts also, was man in Krisenzeiten gebrauchen kann.

Tipp: *Geduld kannst du gut bei Hobbys üben, die Zeit benötigen. Handarbeiten beispielsweise. Aber du kannst auch einfach einer Pflanze beim Wachsen zuschauen. Du säst ein Samenkorn in einen kleinen Topf. Und dann heißt es warten, warten und noch mal warten!*

Selbstfürsorge

In Krisenzeiten fühlen wir uns oft gehetzt. Doch genau dann ist es wichtig, sich Auszeiten zu gönnen. Momente, in denen wir nicht grübeln, nichts anschieben, nichts regeln. Sondern in denen wir Kraft tanken. In diesen Momenten können wir spüren, dass wir als Menschen wertvoll und richtig sind – ganz gleich, was gerade in unserem Leben los ist. Wenn man sich keine ruhigen Zeiten mit sich selbst gönnt, schleicht sich schnell das Lebensgefühl ein, dass unser ganzes Wohl und Wehe davon abhängt, diese Krise gut zu meistern oder zu retten, was zu retten ist. Aber das ist nicht wahr. Wir sind nicht unsere Krise. Auch wenn wir nicht das Beste aus der Veränderung rausholen können, wenn aus der Ex-Liebe keine freundschaftliche Beziehung wird, wenn wir im Job verbrannte Erde hinterlassen, wenn wir durch die Krise Geld verlieren oder unseren geliebten Status quo – unser Menschsein als Wert misst sich nicht daran. Das bleibt von Krisen aller Art völlig unangetastet.

> **Tipp:** *Sorge für gute Momente. Schreibe dir eine kleine Liste der guten Laune: Schlittschuhlaufen, frische Blumen, gute Bücher, Gartenarbeit ... Was gehört in deine Gute-Laune-Schatzkiste? Grübele nicht nachts: Nachts sind alle Gedanken grau. Denn das Schlafhormon Melatonin dämpft die Stimmung. Hilfreiches Nachdenken funktioniert nur am Tag. Reduziere zusätzliche Belastungen: Wenn wir eine Krise durchleben, kostet das Kraft. Fange in dieser Zeit nicht noch an, weitere schwierige Themen in deinem Leben zu klären, wenn dies möglich ist.*
>
> *Ganz wichtig: Lass dich nicht von anderen Menschen verunsichern, die dich bei fröhlicher Laune beim Schlittschuhlaufen antreffen, wo du doch gerade deinen Job verloren hast. Alle, die dich schief anschauen, weil du nicht deprimiert wirkst, haben offensichtlich keine Erfahrung mit echten Krisen. Diejenigen, die selbst das Leben mal gebeutelt hat, werden sich freuen, dass du es dir gut gehen lässt. Sie wissen um all die harten, bangen Stunden und freuen sich, wenn du gut für dich sorgst und bei Kräften bleibst.*

Umgang mit starken Gefühlen

In Krisenzeiten kommen starke Gefühle auf. Wut. Angst. Unsicherheit. Vielleicht auch Schuldgefühle. Gefühle sind letztlich Wegweiser unserer Psyche, die auf etwas hinweisen möchten, was in unserem Inneren los ist. Wenn wir lernen, sie einfach wahrzunehmen und zuzuhören, was sie erzählen, verflüchtigen sie sich in der Regel von allein. Widerstand lässt sie wachsen.

> **Tipp:** *Du kannst den Umgang mit starken Gefühlen üben. Ziel ist, dass sie dich nicht mehr so überfallen bzw. du sie nicht mehr als so bedrohlich empfindest. Stell dir zwei Stühle im Zimmer auf, sodass sie einander gegenüber-*

stehen. Setze dich auf einen Stuhl. Auf den anderen Stuhl
setzt du in deiner Vorstellung dein Gefühl. So, als sei es
ein Gast, der zu Besuch kommt. Wie würde deine Wut
oder Angst aussehen, wenn sie ein reales Wesen wäre?
Nun kannst du dich fragen: Was müsste passieren, damit
dieser vielleicht ungebetene Gast noch größer, noch
bedrohlicher wird? Was würde ihn kleiner werden lassen?
Freundlicher? Was wären da hilfreiche Gedanken?
Frage nun deinen »Gast«: Was möchtest du eigentlich
von mir? Warum besuchst du mich so oft überraschend?
Und hockst dich dann hier fest? Gibt es auch irgendeine
nützliche Seite an deinem Besuch?
Du wirst spüren, dass allein durch diesen Perspektiven-
wechsel Antworten kommen.
In einem zweiten Schritt schlüpfst du im Geiste selbst in
die Rolle deines Gefühls: Wie fühlt es sich an, dass man
eigentlich Gutes will und ständig so wenig willkommen
ist? Was könnte ich (als Gefühl) tun, um ein gebetener
Hausgast zu werden? Vielleicht findest du heraus, dass
deine Angst nicht so groß werden wird, wenn du sie
zulässt und ihr ganz unaufgeregt zuhören würdest, was
sie dir mitteilen möchte. Vermutlich findest du auch
heraus, was deine Wut oder Enttäuschung dir genau sagen
möchte. Der Trick ist: Wenn wir unserem Gefühl eine
Gestalt geben und uns trauen, es mal aus einem anderen
Blickwinkel zu betrachten, verstehen wir häufig, was es
uns wirklich sagen möchte, wozu es gut ist. Oft wird es
dadurch schwächer, denn es verliert seine Aufgabe als
Alarmzeichen. Es kann seine Nachricht ohne lautes Getöse
loswerden.[30]

 Krisen: Packe deinen Erste-Hilfe-Koffer

Bastle dir deinen persönlichen Krisen-Notfallkoffer. Lies dazu noch einmal in deine Notizen in diesem Kapitel. Was sind deine persönlichen Stärken, die dir in Krisenzeiten helfen? Auf welche Hilfe von außen kannst du dich verlassen? Was sind deine Kraftquellen? Male Symbole für alles, was dir in Krisenzeiten hilft. Nun hast du deinen Notfallkoffer immer griffbereit. Mach ein Foto davon, so hast du es in deinem Smartphone bei dir, wenn du dich an deine Power erinnern möchtest.

7. KAPITEL

MEIN GUTES LEBEN

Sich selbst zu überraschen ist, was das Leben lebenswert macht.

Oscar Wilde, Schriftsteller

Unsere persönliche Entwicklung folgt ebenfalls einem Rhythmus. In diesem Kapitel erfährst du, welche Lebensaufgaben deine persönliche Entwicklung am stärksten bestimmen – und wie du diese Veränderungen für dich am besten nutzen kannst.

Wunderst du dich auch manchmal, wie Menschen sich im Laufe ihres Lebens verändern? Bei anderen fällt uns das besonders auf. Da trifft man die alte Schulfreundin oder den Kollegen nach einiger Zeit wieder und denkt sofort: Mensch, die hat sich aber sehr zu ihrem Vorteil entwickelt. Oder eben zu ihrem Nachteil. Und mindestens genauso neugierig bemerken wir, wenn sich jemand überhaupt nicht (weiter-)entwickelt hat. Mal sagen wir dann beglückt: »Du bist noch ganz der Alte!« Oder wir denken entsetzt. »O Gott, der wird sich echt nie ändern!«

Bei uns selbst merken wir diese Veränderungen häufig gar nicht. Wir sind uns kaum dessen bewusst, dass wir auch nicht mehr dieselben sind wie noch vor fünf Jahre. Am ehesten spüren wir unsere persönliche Entwicklung, weil sich Werte oder Prioritäten verschieben. Manches, das einem vor einigen Jahren noch sehr wichtig war, ist einem heute fast egal. Zum Beispiel, auf jeder Party zu erscheinen. Oder was die anderen von einem denken. Anderes scheint plötzlich viel wichtiger. Zum Beispiel der regelmäßige Ausflug ins Grüne oder die Sicherheit im Beruf.

Alles hat seine Zeit und seine Berechtigung. So gibt es in jedem Leben eine Zeit der Entspannung, eine Zeit der puren Aktivität, eine Zeit zurückzublicken und eine Zeit, nach vorn zu preschen, eine Zeit zu geben und auch eine Zeit zu nehmen. Eine Zeit der Stagnation und eine Zeit der ständigen Entscheidungen. Das wertfrei zu betrachten und sich von allem etwas zu erlauben, ist gar nicht so leicht, aber nötig, um letztlich ein Leben in einem gesunden Rhythmus zu erfahren. Denn ständiges Fahren auf der Überholspur macht genauso unzufrieden wie ein jahrelanger Alltag mit dampfender Teetasse im Ohrensessel.

Interessanterweise zeigt auch die Forschung, die sich mit der Frage beschäftigt, was weise Menschen ausmacht: Weise im Sinne von lebensklug werden wir durch Lebenserfahrung. Wenn wir uns trauen, unser Leben immer wieder ein bisschen zu hinterfragen und uns zu verändern, weil wir neue Wünsche, Bedürfnisse oder Interessen in uns wahrnehmen, werden wir auch andere Menschen in ihrer Vielfalt immer besser verstehen. Das macht das Leben für uns selbst leichter, aber auch das Miteinander schöner.

WAS IST DIR IM MOMENT WICHTIG?

Gibt es auch bei dir Interessen oder Werte, die sich in den letzten Jahren verändert haben? Was ist dir wichtiger geworden? Was unwichtiger?
Wichtiger:

_____

_____

Unwichtiger:

_____

_____

_____

_____

Manchmal merken wir es erst in Gesprächen mit anderen, wie stark wir uns verändert haben. Weil sie es ansprechen und sagen: »Du bist viel gelassener als früher.« Oder: »Das war dir früher aber nicht so wichtig.«

Oftmals fühlt es sich so an, als kämen die Impulse für unsere Veränderungen von außen. Jeder neue Job, jede neue Beziehung, jeder Umzug führt dazu, dass wir uns verändern.

Aber viele Entwicklungsimpulse kommen auch von innen. Es scheint so zu sein, dass unsere Seele und unsere Psyche auch von sich aus nach Entwicklung streben. Es zieht uns hin zu neuen Erfahrungen.

Aus der Kindheit und Jugend kennen wir das. Jeder weiß, dass es für kleine Kinder eine Phase gibt, in der sie ganz nah bei den Eltern sein wollen. Den ganzen Tag. Aber irgendwann möchten sie unbedingt die Welt allein erkunden. Sie wollen alles »selber machen«. Die Phase der Autonomie löst die Phase der Bindung stückweise ab.

Auch die Pubertät ist eine Lebensphase, die jeder noch als Lebenszeit großer Veränderung im Gedächtnis hat. Gerade noch haben wir fast alles geglaubt, was die Eltern sagten und vorlebten – und plötzlich besteht man felsenfest auf seiner eigenen Meinung. Das Ringen um die eigene Identität rückt in den Vordergrund, wird zur wichtigsten Entwicklungsaufgabe. Viele Jahrzehnte lang dachte man, dass es quasi ein Zeichen des Erwachsenwerdens sei, dass die persönliche Entwicklung im Großen und Ganzen abgeschlossen ist. Dass man in gewisser Weise »fertig« ist. Aber heute weiß man, dass das nicht stimmt.

Das ganze Leben ist Entwicklung

Wir Menschen bleiben nicht dieselben. Du bist heute nicht mehr derselbe oder dieselbe wie vor zehn Jahren. Wir haben keine in Stein gemeißelten Eigenschaften oder Lebensentwürfe. Auch wenn wir uns das manchmal wünschen. Für die meisten gibt es keinen festen Plan, der sich in der Jugend formt und den man dann nur noch möglichst zielgerichtet verfolgen muss, um glücklich zu sein. Das wird nicht funktionieren. Dafür ist unsere Psyche zu komplex. Das ist auch nicht schlimm. Denn Lebendigkeit spüren wir gerade dann, wenn wir neue Seiten in uns entwickeln und uns entfalten. Das, was wir als Störung auf dem Weg zu unserem großen Ziel erleben, erkennen wir deshalb oftmals rückblickend als große Bereicherung.

Entwicklungspsychologen haben herausgefunden, dass es ziemlich typische Anstupser für unsere persönliche Entwicklung gibt. Alle paar Jahre können wir deshalb damit rechnen, dass ein neues Thema in unserem Leben auftaucht und uns dazu auffordert, uns innerlich zu bewegen und zu wachsen.

Manchmal ist es eine größere Veränderung im Außen. Aber oftmals ist es auch eine gewisse Unruhe in uns selbst, die signalisiert: Irgendwas muss anders werden.

Im Laufe unseres Lebens lassen wir deshalb auch so einiges hinter uns. Bei manchen sind es vielleicht nur die Partynächte. Andere geben einen beruflichen Traum auf oder eine Idee von sich selbst. Wenn man auf diese Veränderungen oberflächlich draufschaut, könnte man meinen, je älter wir werden, umso weniger Leichtigkeit und Spaß sind im Leben vorhanden. Aber das stimmt nicht. Denn das, was wir hinter uns lassen, wird abgelöst von neuen Interessen und Fähigkeiten.

Dein Rhythmus der Veränderung

Den Rhythmus der persönlichen Entwicklung zu kennen kann sehr erhellend sein – und eine große Ruhe und Selbstsicherheit ins Leben bringen. Denn du kannst aufhören, dem hinterherzutrauern, was früher mal war. Stattdessen kannst du sehen, was heute ansteht. Es ist nicht minder spannend. Nur anders.

Der amerikanische Psychiater George E. Vaillant leitete über viele Jahre eine große und umfassende Studie, die untersuchte, wie erwachsene Menschen sich entwickelten. Was entscheidet darüber, ob wir mit unserem Leben zufrieden sind oder eher nicht?

In der »Studie über die Entwicklung im Erwachsenenleben« sind mehrere Teilstudien zusammengefasst, sodass Männer und Frauen darin vorkommen oder auch Menschen mit besseren und schlechteren sozialen Startbedingungen.[31] Viele Teilnehmer*innen wurden seit den 1930er-Jahre über ihr gesamtes Leben hinweg immer wieder nach ihrem Leben befragt. Was ihnen gerade Freude machte und was sie sorgte. Wie zufrieden sie mit ihrem Leben waren. Dabei stellten Vaillant und seine Kolleg*innen fest, dass es einige Gemeinsamkeiten bei den Menschen gab, die mit ihrem Leben zufrieden waren.

Interessant war dabei, dass weder Geld noch eine gute Herkunft den großen Unterschied machten. Sondern es war vor allem der reife Umgang mit den Entwicklungsaufgaben, die das Leben uns bietet. Oder anders ausgedrückt: Menschen, die *mit* dem Rhythmus des Lebens gehen konnten, waren zufrieden mit ihrem Dasein und konnten ihr Leben wertschätzen. Im Schnitt lebten sie sogar länger. Noch nie vorher war so klar geworden, dass unsere persönliche Entwicklung die Wurzel unserer Lebendigkeit und Lebensfreude ist. Darin liegt eine große Möglichkeit. Denn wenn wir mit dem großen Rhythmus des Lebens mehr mitschwingen, als uns gegen jede Veränderung zu wehren, liegt darin eine große Quelle von Glück, Stärke und Zufriedenheit.

Die großen Lebensaufgaben

Natürlich verläuft das Leben jedes Menschen unterschiedlich. Aber ein bisschen so, wie es in der Kindheit und Jugend ist, gibt es auch für Erwachsene bestimmte Entwicklungsaufgaben, die fast allen im Leben begegnen und den groben Rhythmus unseres Lebens strukturieren.

Das bin ich!

Wir wissen alle, dass man mit 18 nicht unbedingt erwachsen ist. Oft sind wir in dem Alter noch sehr an unsere Eltern gebunden, vielleicht noch nicht einmal mit der Schule fertig. Deshalb beschreiben Psychologen heutzutage die Jugend häufig als Lebensphase, die bis 25 anhalten kann. Die Hauptentwicklungsaufgabe in dieser Zeit ist, die Antwort auf die Frage zu entwickeln: »Wer bin ich?«, also eine Antwort auf die Frage nach der eigenen Identität zu finden. Georg E. Vaillant beschreibt die gelungene Identitätsarbeit so: »Das Gefühl für das eigene Selbst, die persönlichen Werte, politischen Ansichten, Leidenschaften oder der Musikgeschmack sind dann wirklich das eigene, nicht mehr das der Eltern.«

Vielleicht denkst du jetzt. »Oha, dann bin ich bis heute jugendlich, denn ich habe mich immer noch nicht von den Ansichten meiner Eltern abgelöst.« Das geht tatsächlich vielen Menschen so. Für unser Leben heißt das: Immer wieder sind wir gefordert, ein Stück mehr erwachsen zu werden. Du suchst einen neuen Job? Dann ist wieder die Chance da, diesmal eine Arbeit zu suchen, die *deinen* Vorstellungen und Wünschen entspricht – nicht denen deiner Eltern. Das Gleiche gilt bei der Partnerwahl oder für alle möglichen anderen Entscheidungen.

Wenn wir diesen Schritt schaffen, wird unsere Selbstwahrnehmung mehr und mehr von dem Gefühl geprägt, dass wir unser Leben selbst in die Hand nehmen können. Auf dieser Basis steht unser Selbstwertgefühl als Erwachsene. Auch enge Beziehungen können wir nur eingehen, wenn wir ein leidlich stabiles Identitätsgefühl haben. George E. Vaillant konnte in seinen Studien beobachten, dass die Menschen, die auch mit 50 noch keine eigene Identität entwickelt hatten, lebenslang innerlich abhängig von ihrer Herkunftsfamilie oder von Institutionen blieben. »Sie waren auch nicht fähig, eine befriedigende Berufstätigkeit auszuüben oder eine enge, vertrauensvolle Beziehung aufrechtzuerhalten«, so Vaillant.

DEINE IDENTITÄT

In welchen Themen und Lebensbereichen hast du dich gut von deinen Eltern abgelöst? Wo hast du ganz eigene Werte entwickelt und fühlst dich sicher und gereift? (Denke vielleicht an die Bereiche Beruf, Partnerwahl, Kindererziehung, Lebensstil.)

_____

_____

_____

_____

In welchen Bereichen deines Lebens spürst du, dass du noch mit deinen Eltern verstrickt bist? In dem Sinne, dass du immer wieder unsicher bist und darüber nachdenkst, ob deine Eltern dieses oder jenes Verhalten oder deine Entscheidungen wohl gutheißen würden.

_____

_____

_____

_____

In welchen Bereichen fühlst du dich wohl, so, wie es ist? Wo wünschst du dir mehr Abgrenzung?

_____

_____

_____

_____

Es ist total normal, dass wir auch als Erwachsene noch von den Überzeugungen unserer Eltern beeinflusst sind, auch wenn wir diese Ansichten gar nicht teilen. Erwachsenwerden ist insofern eher eine Lebensaufgabe, die in einem gewissen Rhythmus immer wieder dazu auffordert, seine eigene Identität zu entwickeln. Du kannst diesen Rhythmus in dein Leben integrieren, indem du dich immer wieder fragst und danach handelst: Was finde ich persönlich in dieser Situation richtig?

Intimität – zusammen ist es schöner

Beziehungsfähigkeit ist die nächste große Entwicklungsaufgabe, die uns im Erwachsenenalter erwartet. Dabei geht es konkret um die Fähigkeit, stabile Beziehungen zu anderen aufzubauen und zu halten, die von Zuneigung, beidseitiger Wertschätzung und Vertrauen geprägt und getragen sind. Dabei geht es nicht nur um Liebe, sondern unsere Beziehungsfähigkeit zeigt sich auch in Freundschaften oder im Beruf, im Team, in der Familie oder mit den Nachbarn. Reife Menschen können Beziehungen in ganz unterschiedlicher Art und Tiefe führen. Sie »können« Nachbarschaft oder eine Liebesbeziehung. Sie können sich auch von Menschen lösen, wenn das Miteinander nicht mehr stimmt. Ein Geheimnis guter Beziehungen ist dabei, dass wir uns in den anderen einfühlen können, ohne ihn zu idealisieren oder abzuwerten. Wir ordnen unsere eigenen Wünsche der anderen Person nicht unter, wir dominieren sie aber auch nicht. Wir begegnen uns auf Augenhöhe und schauen mit Neugier und Offenheit, was möglich ist zwischen uns beiden. Zwischen 25 und 35 beschäftigt uns dieses Thema häufig ganz besonders und intensiv. Viele gründen in dieser Zeit eine Familie oder sind auf Partnersuche. Freundschaften, Liebe ebenso wie Bekannte und Kolleg*innen – gute Beziehungen sind ziemlich wichtig für unser Wohlbefinden. Und auch hier werden wir nicht auf einen Schlag alles wissen und können. Immer wieder begegnet uns im Leben die Frage, wie wir gute Beziehungen gestalten sollen.

DEINE BEZIEHUNGEN

In welchen Bereichen fühlst du dich in guter Weise beziehungsfähig? (Denke an Freundschaften, Partner*innen, Kolleg*innen, Kinder, Nachbarschaft.)

_____

_____

_____

_____

Im Laufe unseres Lebens kommen immer wieder neue Beziehungsarten dazu, die wir gestalten können. Welche Beziehungen erkundest du gerade (z.B. Fernbeziehungen, erwachsene Kinder, Ex-Partner, Kolleg*innen ...)? Was fällt dir da leicht? Was eher schwer?

_____

_____

_____

_____

Das ist mein(e) Beruf(ung)!

»Diese Aufgabe beinhaltet, dass man seine persönliche Identität erweitert, um sich eine soziale Identität in der Welt des Berufes anzueignen«, erläutert Vaillant. Ziel ist, im Großen und Ganzen mit seiner Arbeit zufrieden zu sein – ganz gleich, ob du gerade angestellt bist oder in Elternzeit. Heutzutage fällt es vielen Menschen schwer, im Beruf anzukommen. Lange Jahre mit Praktika oder unsicheren Arbeitsverhältnissen können auch das gesamte

Lebensgefühl verunsichern. Im Kapitel zum Rhythmus der Krisen (siehe Seite 150) kannst du ein paar Anregungen finden, wie du mit solchen unsicheren Zeiten umgehen kannst, damit sie dich nicht zu sehr belasten.

JEDEN MONTAG WIEDER ...

Bist du in deinem Beruf angekommen? Oder vielleicht schon wieder dabei, dich nach einer neuen Berufung zu sehnen?

Generativität – was bleibt von mir?

Menschen möchten mit ihrem Wirken auch die nächste Generation beeinflussen. Sie wünschen sich, dass etwas von ihnen bleibt. Kinder sind natürlich eine Möglichkeit, dieses Thema in gewisser Weise zu klären. Aber auch davon abgesehen möchten Menschen ab einem gewissen Alter gern etwas von ihrem Wissen und ihren Erfahrungen weitergeben. Dann nehmen wir ein Ehrenamt an, werden Mentor*in für Berufseinsteiger oder verschenken unsere Erfahrung auf andere Weise an andere.

SPUREN, DIE BLEIBEN

Hast du bei dir selbst schon festgestellt, was du gern
weitergeben möchtest? Wissen? Erfahrungen? Können?
Wie machst du das? Oder wie könntest du dies tun?

_____

_____

_____

_____

_____

Der Sinn hinter allem

»Diese Aufgabe ist am besten verkörpert in der Rolle des weisen
Richters«, erklärt George E. Vaillant. Spätestens ab Mitte oder
Ende 50 entwickeln viele Menschen den Wunsch, dass ihre Werte
und ihre Lebenserfahrung der Gesellschaft zugutekommen.

ZEIGE DICH!

Kennst du den Impuls, dass du für deine Werte stärker
einstehen möchtest als noch vor ein paar Jahren? Was tust
du, um diesen Impuls zu leben (beruflich wie privat)?

_____

_____

_____

_____

_____

Integrität – das ist mein Leben!

Als eine weitere große Lebensaufgabe formulieren Entwicklungspsychologen die Aufgabe der Integrität. Das bedeutet »die Annahme seines einen und einzigen Lebenszyklus und der Menschen, die in ihm notwendig da sein mussten und durch keine anderen ersetzt werden können«. Es geht darum, alle Facetten des Lebens in seiner Lebensgeschichte zu akzeptieren und auf diese Weise Frieden mit sich und der Welt zu machen.

Diese Aufgabe haben ältere Menschen vielleicht in hohem Maße. Aber auch jüngere profitieren davon, wenn sie sich immer mal wieder mit ihrem gelebten Leben aussöhnen.

FRIEDEN MIT SICH MACHEN

Frage dich: Welche Situation aus den letzten Jahren hängt dir immer noch nach? Womit haderst du? Vielleicht kannst du dich damit aussöhnen, wenn du es doch eh nicht mehr verändern kannst.

_____

_____

_____

_____

_____

_____

Persönliche Entwicklung geschieht in Wellen

Es ist nicht so, dass wir die einzelnen Aufgaben nur einmal in unserem Leben vor die Nase gesetzt bekommen und sie dann erfolgreich meistern, abhaken oder daran scheitern. Vielmehr begegnen sie uns in gewissen Abständen immer wieder im Leben. Wir können also immer wieder einen Anlauf nehmen und sie ein Stückchen souveräner meistern. Nicht selten finden wir beim zweiten oder dritten Versuch den richtigen Dreh für eine dauerhafte Beziehung oder landen letztlich doch im passenden Beruf. »Keine Anforderung ist irgendwann im Leben komplett abgehakt«, erklärt der Professor für Psychologische Alternsforschung Hans-Werner Wahl. »Wir nehmen die Aufgaben mit in die nächste Lebensphase. Und es ist auch möglich, schwierige oder zurückgebliebene Anteile später noch einmal aufzugreifen und daran im Lichte der anderen, vielleicht besser gelösten Aufgaben, weiterzuarbeiten.«

Unsere Entwicklung verläuft also nicht streng chronologisch, sondern eher in lockerer Folge von Aufgaben, die uns das Leben stellt. Und jeder Mensch ist eine Wundertüte an Entwicklungsmöglichkeiten, manche werden schneller »erwachsen«, andere lassen sich für jeden Schritt länger Zeit. Greta Thunberg beispielsweise verspürte schon als sehr junge Frau diese große Verantwortung der nächsten Generation gegenüber, die man eigentlich von älteren Menschen erwarten würde. Zugleich war es, wie sie in Interviews erzählt, für sie selbst und ihre Identität extrem wichtig, alles zu tun, was in ihrer Macht steht, um den Klimawandel aufzuhalten. Ihr Klimaaktivismus ist sozusagen auch Ausdruck ihrer Identitätsfindung.

Aber genauso gibt es auch Menschen, die im reifen Alter noch mal neu durchstarten und Dinge tun, die man sonst den Jungen zuschreibt. Zum Beispiel die Senior-Bloggerin Greta Silver, die mit 60 Modell und mit 66 Bloggerin wurde. Mutig wie eine

Berufsanfängerin warf sie sich in das Business rund um die sozialen Medien. Doch ihr Anliegen ist klar das einer Älteren: Sie möchte die Welt vom »Grauschleier« des Alters befreien. Denn sie selbst fühle sich mit 70 froh, neugierig und weltoffen. Und sie möchte ihre Werte und Lebenserfahrung weitergeben.

Vor allem in Zeiten des Umbruchs kommen häufig frühere Lebensaufgaben wieder an die Oberfläche. Wenn die eigenen Eltern älter werden und man sich um sie kümmert, ist man vielleicht noch einmal mit Gefühlen aus der Jugend konfrontiert. Wenn man einen neuen Job beginnt, kommen immer wieder die Orientierungsfragen im Beruf nach vorn. Und wenn man eine Stadt, eine Stelle oder eine Beziehung verlässt, fragt man sich meist: Was wird von mir bleiben?

WELCHE ENTWICKLUNGSAUFGABE STEHT BEI DIR AN?

Was steht bei dir derzeit im Vordergrund? Was treibt dich um? Vielleicht gibt es ein Hauptthema?

_____

_____

_____

_____

Wenn du dieser Entwicklung mit Neugier begegnen kannst und sie als Anlass für dein persönliches Wachstum annimmst, kann es gut sein, dass sie dich weniger belastet. Wie das gelingt? Frage dich: Was gibt es hier für mich zu lernen und zu entdecken?

DAS WÄRE SCHÖN ...

Wenn du einen Wunsch frei hättest und morgen aufwachen und dich so richtig wohlfühlen würdest mit dir selbst und deiner derzeitigen Entwicklungsphase, welches Problem hätte sich dann gelöst?

_____

_____

_____

_____

Oftmals bringt uns schon der Wunsch in die richtige Richtung. Denn wenn wir uns eine Lösung ganz konkret vorstellen, ist es ziemlich wahrscheinlich, dass wir uns schon auf den Weg gemacht haben, um sie auch zu realisieren. Oder wie Johann Wolfgang von Goethe sagte: »Unsere Wünsche sind Vorgefühle der Fähigkeiten, die in uns liegen, Vorboten desjenigen, was wir zu leisten imstande sein werden.«

 ## Wähle ein Bild für dein Leben

Welches Bild gefällt dir als Sinnbild für deinen Lebensweg gut? Ein Weg, der einen Berg hinauf, durch einen Wald oder zum Horizont führt? Oder magst du lieber die Vorstellung von einem mäandernden Fluss mit einem Schiff, das ausläuft und irgendwann nach wilder Fahrt im ruhigen Hafen einläuft?

Zeichne die wichtigsten Wegmarken oder Wendepunkte deines Lebens auf deinem Weg bis heute ein. Welche Erlebnisse haben dich besonders geprägt? Gibt es Situationen, die für dich bestimmte Momente deiner Entwicklung symbolisieren? Ein Moment, der für die Ablösung von deinem Elternhaus steht? Oder eine Phase im Beruf, die dir zeigte: Jetzt bin ich angekommen? Notiere diese wichtigen Momente. Sie sind die Wegmarken deiner persönlichen Entwicklung. Es kann gut sein, dass du dir das erste Mal vor Augen führst, wie sehr du dich in den letzten Jahren persönlich entwickelt hast. Du darfst ruhig ein wenig stolz auf dich sein.

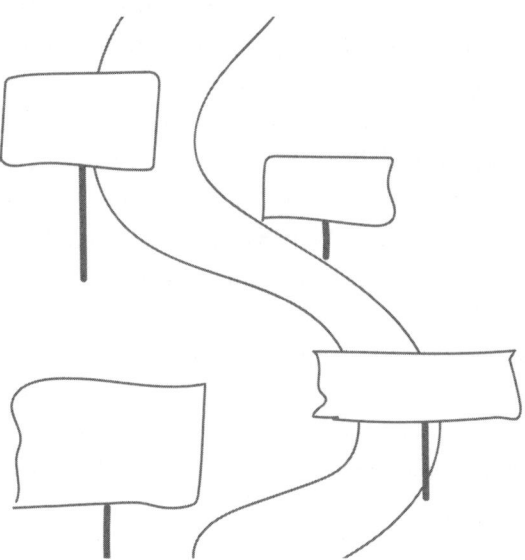

WAS DIR DIESES BUCH BRINGEN KANN

Ich hoffe sehr, dass du einiges aus diesem Buch für dich und deinen guten Rhythmus mitnehmen kannst. Sehr gern würde ich erfahren, welche Übungen dich besonders inspiriert haben!

Zu wissen, in welcher Frequenz du schwingst, bringt dich näher zu dir selbst und zu deinen Kraftquellen. Es kann gut sein, dass es dir regelrecht Spaß macht, an kreativen Lösungen für neue Probleme zu tüfteln oder für deine gute Pausenkultur zu sorgen. Auch Krisen werden leichter erträglich, wenn du weißt, dass Licht am Tunnelende kommt.

In diesem Sinne wünsche ich dir und uns allen mehr gesunden Rhythmus und damit Lebendigkeit und Energie. Léopold Sédar Senghor, Dichter und ehemaliger Präsident von Senegal, hat es in seiner poetischen Sprache sehr schön auf den Punkt gebracht, dass Leben und Rhythmus letztlich eins ist: »Der Rhythmus ist die Architektur des Seins, ist die innere Dynamik, die ihm Form gibt, ist das Wellensystem, welches das Sein dem anderen entgegensendet, ist der eine Ausdruck der Lebenskraft.«

Teile deine Erfahrungen mit mir und anderen Leser*innen. Du findest mich – und News sowie Live-Termine zum Intervall-Prinzip – ganz leicht unter www.carolakleinschmidt.de oder auch bei Instagram @carolakleinschmidt.

DANKE

Vielen Dank an alle, die mich beim Recherchieren, Entwickeln und Schreiben dieses Buches begleitet und unterstützt haben. Danke an Dagmar Olzog, die mit diesem Buch einen Faden aufgriff, den wir mit meinem ersten Sachbuch 2005 geknüpft hatten. Danke an meine Bürogemeinschaft, eine unersetzliche Kraftquelle, Ort der Kreativität und Inspiration – und perfekt für meinen Rhythmus von An- und Entspannung. Danke an meine Familie und an meine Freund*innen für ihr offenes Ohr und Super-Feedback zu den Ideen. Ganz herzlichen Dank an Conny Maier für all die wissenschaftlichen Inspirationen, mit denen sie mich versorgt hat. Danke auch an Julia Feldbaum für das so interessierte und umsichtige Lektorat. Danke an all die Forscher*innen für die interessanten Erkenntnisse. Danke an das Leben.

TIPPS ZUM WEITERLESEN

1. Kapitel: Akku auf Grün
Ulrich Hoffmann: *Pause.* Mosaik, München, 2019
Carola Kleinschmidt: *Gesünder arbeiten. Besser leben.*
  Eigenverlag, Hamburg, 2020
  www.dein-gutes-jahr.de
Paul Loomans: *Ich habe die Zeit.* Lotos, München, 2017

2. Kapitel: Positive Energie statt Stress
Helen Heinemann: *Irgendwas muss anders werden.* Rowohlt,
  Hamburg, 2020
Carola Kleinschmidt: *Raus aus dem Stress.* Scorpio,
  München, 2016
Kelly McGonigal: *Glücksfaktor Stress.* Trias, Stuttgart, 2018
Paola Molinari: *Lebe statt zu funktionieren.* GU,
  München, 2010

3. Kapitel: Mein guter Tag
Karlheinz A. Geißler, Jonas Geißler: *Time is honey.* Oekom,
  München, 2015
Martina Kaiser: *Der Jahreskreis.* Aurum, Bielefeld, 2019
  (10. Auflage)
Lothar Seiwert, Silvia Sperling: *Die Intervall Woche.* Knaur
  Balance, München, 2020

4. Kapitel: Mein digitaler Rhythmus
Christian Montag: *Homo Digitalis.* Springer, Berlin, 2018
René Riedl: *Digitaler Stress.* Linde, Wien, 2020

5. Kapitel: Meine Kreativität
Julia Cameron: *Der Weg des Künstlers.* Knaur Menssana,
    München, 2000
Ulrich Hoffmann: *Minimeditationen.* GU, München, 2014
Melanie Raabe: *Kreativität.* btb, München, 2020

6. Auch Krisen haben ihren Rhythmus
Claudia Croos-Müller: *Kraft.* Kösel, München, 2015
Jens Förster: *Der kleine Krisen-Killer.* Knaur HC, München,
    2017
Georg Pieper: *Wenn unsere Welt aus den Fugen gerät.* btb,
    München, 2014

7. Kapitel: Mein gutes Leben
George E. Vaillant: *Aging Well.* Little, Brown Spark, Boston,
    2003
Ina Schmidt: *Das Ziel ist im Weg.* Bastei Lübbe, Köln, 2017

Zur Autorin

© Beata Lange

Carola Kleinschmidt ist Diplom-Biologin, Autorin und Trainerin für Themen rund um Stresskompetenz, Stressprävention und die Frage, wie uns ein zufriedenes und sinnhaftes Leben in der modernen Welt gelingen kann.

Sie selbst sieht sich nicht als Person, die die Weisheit mit Löffeln gefressen hat. Eher als eine Expertin für gute Gespräche. Und genau so ist dieses Buch auch konzipiert und aufgebaut: wie ein Gespräch mit einer guten Freundin, einem guten Freund. Voll von Inspirationen und hilfreichen Ideen.

www.carolakleinschmidt.de
www.dein-gutes-jahr.de

Endnoten

1   X. Hu, L. K. Barber, A. M. Santuzzi: *Does Active Leisure Improve Worker Well-Being? An Experimental Daily Diary Approach.* Journal of Happiness Studies, (2020). https://doi.org/10.1007/s10902-020-00305-w

2   J. P. Trougakos, I. Hideg, B. etl al: *Lunch Breaks Unpacked: The Role of Autonomy as a Moderator of Recovery during Lunch.* Academy of Management, (2013). https://doi.org/10.5465/amj.2011.1072

3   Telefon-Interview mit Karlheinz Geißler am 15. Januar 2021

4   Inspiriert von: K. Geißler, J. Geißler: *Time is honey. Vom klugen Umgang mit der Zeit.* Oekom, München, 2015

5   M. Reinboth, J. L. Duda: *The Motivational Climate, Perceived Ability, and Athletes' Psychological and Physical Well-Being.* The Sport Psychologist (2004), 18(3), pp. 237–251

6   M. Reinboth, J. L. Duda: *Perceived motivational climate, need satisfaction and indices of well-being in team sports: A longitudinal perspective.* Psychology of Sport and Excercise (2006), 7(3), pp 269–286

7   C. G. L. Nerstad, M. C. J. Carniëls, G. C. Roberts, A. M. Richardsen: *Perceived Motivational Climates and Employee Energy: The Mediating Role of Basic Psychological Needs.* Frontiers in Psychology (2020), 11(1509), pp. 1–14

8   Der Test ist angelehnt an diesen Test und ergänzt: https://www.uni-due.de/edit/selbstmanagement/content/content_k3_4.html

9   T. Roenneberg: Der individuelle Rhythmus des Lebens. In: *Lebenswissenschaften* (2017), 22. Januar, pp 56–61. Einsicht online (22.2.2021): https://silo.tips/download/der-individuelle-rhythmus-des-lebens

10 B. C. Gunia, C. M. Barnes, S. Sah: *The Morality of Larks and Owls: Unethical Behavior Depends on Chronotype as Well as Time of Day.* Psychological Science (2014), 25(12), pp 2272–2274 https://doi.org/10.1177/0956797614541989

11 F. T. van Vugt, K. Treutler, E. Altenmüller, H.-C. Jabusch: *The influence of chronotype on making music: Circadian fluctuations in pianists' fine motor skills.* Frontiers in Human Neuroscience (2013). 7(347), pp1-9, https://doi.org/10.3389/fnhum.2013.00347

12 Á. Correa, E. Molina, D. Sanabria: *Effects of chronotype and time of day on the vigilance decrement during simulated driving.* Accident Analysis & Prevention (2014). 67(6), pp 113–118

13 S. Volk: *Chronotype Diversity in Teams: Toward a theory of team energetic asynchrony.* The Academy of Management Review (2017), 42(4), pp. 683–702 https://doi.org/10.5465/amr.2015.0185

14 S. Panda: *Der Zirkadian-Code.* VAK Verlag, Freiburg, 2019

15 https://www.faz.net/aktuell/wirtschaft/digitec/nutzer-verbringen-im-schnitt-3-7-stunden-am-smartphone-16582432.html, 15.1.2020, Einsicht online am 22.2.2021

16 https://www.quarks.de/technik/digitalisierung/so-beeinflusst-das-smartphone-unsere-produktivitaet/

17 C. Montag, S. Diefenbach: *Towards Homo Digitalis: Important Research Issues for Psychology and the Neurosciences at the Dawn of the Internet of Things and the Digital Society.* Sustainability (2018), 10(415); https://doi.org/10.3390/su10020415

18 A. Schnauber-Stockmann, A. Meier, L. Reinecke: *Procrastination out of Habit? The Role of Impulsive Versus Reflective Media Selection in Procrastinatory Media Use.* Media Psychology (2018), 21(4), pp. 640–668. https://doi.org/10.1080/15213269.2018.1476156

19 https://www.baua.de/DE/Angebote/Publikationen/Praxis/A78.pdf?__blob=publicationFile&v

20 https://www.swr.de/swr2/wissen/digitaler-stress-im-job-swr2-wissen-2020-11-26-100.html

21 S. Zanjani, D. G. Yunlu, J.N. Shapiro Beigh: *Creative Procrastinators: Mapping a complex terrain. Personality and Individual Differences* (2020), 154(109640) https://doi.org/10.1016/j.paid.2019.109640

22 Carola Kleinschmidt, Telefon-Interview mit Heinz Schuler, 14. Juni 2019

23 The Future of Jobs Report (2020). https://www.weforum.org/reports/the-future-of-jobs-report-2020/in-full/infographics-e4e69e-4de7

24 Siehe Endnote 22

25 B. Baird: Inspired by Distraction : *Mind Wandering Facilitates Creative Incubation.* Psychological Science (2012), 23(10) pp. 1117–1122. https://doi.org/10.1177/0956797612446024

26 https://www.deutschlandfunknova.de/beitrag/neurowissenschaft-alphawellen-verhelfen-unserem-hirn-zu-mehr-kreativitaet

27 L. A. Zampetakis, V. S Moustakis, N. Bouranta: *On the relationship between individual creativity and time management.* Thinking Skills and Creativity (2010). 5, pp. 23–32. https://doi.org/10.1016/j.tsc.2009.12.001

28 J. Kühnel, R. Bledow, M. Kiefer: *There is a time to be creative.* Academy of Management Journal (2020), in press. https://doi.org/10.5465/amj.2019.0020

29 R. K. Rajandram, J. Jenewein, C. McGrath, R. A. Zwahlen: *Coping processes relevant to posttraumatic growth: an evidence-based review.* Supportive Care in Cancer (2011). 19, pp. 583–589. https://doi.org/10.1007/s00520-011-1105-0

30 Danke an Annegret Lohse, die mir von dieser Übung erzählte. Sie ist Psychologin und Beraterin (www.beratersystem-hamburg.de)

31 G. E. Vaillant: *Aging Well.* Little, Brown Spark, Boston, 2002

VIEL ZU TUN – UND TROTZDEM GELASSEN

96 Seiten, Klappenbroschur, ISBN 978-3-95803-075-6

Carola Kleinschmidt zeigt, wie man Stress aktiv steuern lernt. Ihre Praxistipps ermöglichen ein gesundes Wechselspiel zwischen Anspannung und Entspannung. Das macht uns widerstandsfähig und gibt erst den Kick für ein richtig gutes Leben.

»Ein wunderbarer, positiver, nützlicher und sehr hilfreicher Ratgeber!«
Top-500-Rezensent Amazon

www.scorpio-verlag.de

DIE INNERE UHR NEU STELLEN

Dr. med. Christoph Schöbel
Dr. med. Alfred Wiater

SCORPIO

Ticken Sie richtig?

Wie Sie zu Ihrem gesunden
Schlaf-Wach-Rhythmus
finden

Mit Selbsttest,
um den eigenen
Schlaf-Wach-Rhythmus
kennenzulernen.

160 Seiten, gebunden, ISBN 978-3-95803-335-1

Wem ist schon bewusst, dass unsere biologischen Rhythmen nicht unbedingt mit der offiziellen Uhrzeit übereinstimmen? Das könnte ein Grund dafür sein, dass sich viele morgens oft gerädert fühlen.

Dieses Buch zeigt, wie man zu einem gesunden, alltagstauglichen Schlaf-Wach-Rhythmus findet, um erholt und ausgeruht in den Tag starten zu können.

SCORPIO

LEBEN,
WAS ZU MIR PASST

Klein und kompakt – die charmanten Pocketguides aus unserer Erfolgsreihe *Achtsam leben* liefern psychologisch fundiertes Basiswissen. Alle Themen wurden von erfahrenen Psychologen oder Lebensberatern konzipiert. Mit vielen Übungen, Anregungen und Impulsen für alle, die einen leichten Einstieg in ein achtsames Leben suchen.

www.scorpio-verlag.de   **SCORPIO**